novum pro

Johannes **Schmidtke**

Der Fall
Schlaganfall

Charakterstudien

novum pro

www.novumverlag.com

Bibliografische Information der Deutschen Nationalbibliothek:

Die Deutsche Nationalbibliothek verzeichnet diese Publikation in der Deutschen Nationalbibliografie. Detaillierte bibliografische Daten sind im Internet über http://www.d-nb.de abrufbar.

Alle Rechte der Verbreitung, auch durch Film, Funk und Fernsehen, fotomechanische Wiedergabe, Tonträger, elektronische Datenträger und auszugsweisen Nachdruck, sind vorbehalten.

© 2021 novum Verlag

ISBN 978-3-99107-436-6
Umschlagfoto: Andrea Damm (Pixelio)
Umschlaggestaltung, Layout & Satz: novum Verlag
Innenabbildungen:
Seite 5: Dorothea Jacob (Pixelio);
Seite 64: Johannes Schmidtke

Gedruckt in der Europäischen Union auf umweltfreundlichem, chlor- und säurefrei gebleichtem Papier.

www.novumverlag.com

Es sind unbequeme Worte. Doch nach all meinen Erfahrungen mit Menschen im Bereich der Medizin und im Rechtswesen provoziert mich deren Verhaltensweise dazu. Manch einem werden sie als böse erscheinen; sie sind es aber nicht, sondern schildern einen wahren Sachverhalt. Sie müssen endlich geschrieben werden nach meinem ersten Buch „Der Fall Schlaganfall – Studie eines Verbrechens". Das Verhalten der Ärzte und Personen, deren Aufgabe Gesundheit, Recht und Gesetz sind, zeigen aber in Wirklichkeit übernommene Verhaltensweisen früherer Zeiten. Es bleibt mir deshalb nichts Anderes übrig, als diese Schrift zu erstellen, denn das zügellose Verhalten dieser Personen lässt mir keine andere Möglichkeit.

Wo findet man heute noch Gerechtigkeit? Es war ein Rechtsanwalt, den ich kontaktiert hatte und der mir den Rat gab, darüber zu schreiben, wie es mir ergangen ist, und auf diese Weise die Öffentlichkeit zu informieren. Denn kampflos finde ich mich nicht mit diesem verbrecherischen Verhalten ab und kämpfe weiterhin um die Entschädigung, die mir zusteht, weil man mutwillig meinen Körper und mein Leben zerstört hat.

Ein gut gemeinter Rat

Juristisch könne er mir nicht helfen, sagte mir ein Rechtsanwalt, aber das, was mir angetan wurde, sollte der Öffentlichkeit mitgeteilt werden. Dies riet er mir und ich nahm seinen Rat an. Diese Erfahrungen nun schildere ich in meinem Buch.

Johannes Schmidtke

Privatärztliche Praxis Dr. Wetz
Rohrkamp 37
48308 Senden

Sehr geehrter Herr Wetz!

Ihr Verhalten reizt dazu, diesen Brief in unflätigen Worten zu verfassen, doch ich bin bestrebt, den guten Ton zu wahren, obwohl die Wortwahl, die ich versuche zu vermeiden, Ihrem Verhalten angemessen und durchaus angebracht ist.

Sie laden eine schwere Schuld auf sich und diese soll Sie auf allen Ihren Wegen begleiten. Wer sich als Arzt zu solch einem Verhalten verleiten lässt, der lädt große Schuld auf sich und für den ist die größtmögliche Strafe Sühne seiner Handlungen. Mimen Sie den Unwissenden weiter und weisen eine Schuld von sich. Ihr Verhalten zeigt Ihren Charakter und lässt nur die eine Beurteilung zu:

Sie sind ein durch und durch schäbiges und korruptes Subjekt!

Folgendes gebe ich Ihnen zu lesen:

> Wenn der Schöpfer den Menschen,
> Ein immerwährendes Dasein beschieden hätte,
> Wie ließen sich die zugefügten Grausamkeiten der
> Mitmenschen ertragen?

Da aber jedes Leben erdgebunden ist, gelten für alle Lebewesen die gleichen ehernen und unausweichlichen Gesetze unserer Mutter Erde – die des Werdens und Vergehens!
Somit sühnen sich auch als letzte Gerechtigkeit die törichten Handlungsweisen all derer, die Leid verursacht haben.

Johannes Schmidtke

★ ★ ★

Wenn die Gerechtigkeit untergeht, so hat es keinen Wert mehr, dass Menschen leben auf Erden.

Immanuel Kant
Karrieremensch und Egozentriker

Karrieremenschen sind ebenso auch Egozentriker und verfolgen nur ihre eigenen Ziele. Sie setzen sich daher nicht für andere Menschen ein. Es sei denn, diese anderen Menschen lassen sich von ihnen in ihrem egoistischen Streben dazu benutzen, mit deren Hilfe, weitere Sprossen auf der Karriereleiter zu erklimmen.
   Anderes werden sie nicht tun, denn dies wäre ein Hindernis auf dem Weg zu mehr Prestige.

Johannes Schmidtke

★ ★ ★

Privatärztliche Praxis Dr. Wetz
und
Institut für med. Begutachtung
Rohrkamp 37

48308 Senden

Sehr geehrter Hr. Wetz,

Erneut wende ich mich an Sie und halte Ihnen das von Ihnen falsch erstellte Gutachten mit seiner Aussage vor.

Selbstverständlich sind mir durch das Tragen dieses eindeutig bewusst fehlerhaft gefertigten Gegenstands bleibende Schäden entstanden.

Eine andere Erklärung als bewusst und mutwillig ist dafür nicht zulässig!

Der Orthopädietechniker Weißleder aus dem Sanitätshaus Kienzle hat den Abdruck genommen und war von da an für den Fertigungsprozess verantwortlich. Bis zu seiner Aushändigung! Er ist auch verantwortlich für die Folgeschäden der Verkrüppelung meines linken Fußes. Dies ist seine alleinige Schuld und dafür trägt er die volle Verantwortung. Wie dies vor Gericht in Siegen geahndet wurde, ist ein Skandal.

Wenn Sie schreiben: „Das ich mein Gutachten durchaus in Ihrem Sinne verfasst habe."

Wie kommen Sie zu solch einer kranken Behauptung? Sie ist völliger Blödsinn!

Dann diese Worte die Sie schrieben Hr. Wetz: „Ich habe mein Gutachten nach bestem Wissen und Gewissen und absolut sachlich und unparteiisch geleistet, was Sie auch wissen. So war es meine Pflicht.

Sie sind ein kriminelles Subjekt – ein Verbrecher!

Die Aussage des vorstehenden Absatzes bezeichnet man im Allgemeinen als Heuchelei. Hier aber, mit Übergang zum absolut kriminellen.

Meine mehrmals vorgetragene Feststellung vom seitlichen Umknicken meines linken Fußes in der Schiene, ob es nun vor dem Landgericht in Siegen oder dem Rechtsanwalt Marc Venten gegenüber war sowie später seiner Nachfolgerin RA Lingnau, welche die Angelegenheit weiter bearbeitete, hat keine Beachtung gefunden und wurde übergangen. Meinen Hinweisen keinerlei Beachtung zu schenken, weist auf die deutliche Absicht hin, eine Haftungspflicht der AHG-Klinik in Hilchenbach, respektive der des Chefarztes Sackmann, nicht erkennbar werden zu lassen. Dies betrifft auch alle anderen Vorkommnisse – sprich Misshandlungen – die mir dort angetan wurden.

Ihr Kollege Sackmann geht sogar hin und erklärt dem Ministerium für „Gesundheit und Familie" in Düsseldorf, ich habe seine Klinik mit gutem Behandlungserfolg und in hervorragendem Zustand verlassen.

Diese seine Aussage ist kein Kavaliersdelikt.

Wenn der Arzt Sackmann keine unseriöse Person ist, wer ist es dann?

Sind Sie es vielleicht, Herr Wetz?

Ja! Sie sind es, denn Sie eifern ihm nach!

Dieses über Monate hinweg geforderte Tragen der Schiene in der AHG-Klinik in Hilchenbach hat nicht nur den Impuls hervorgerufen, den Fuß linksseitig umknicken zu lassen, sondern verursachte auch im äußeren Bereich knöcherne Schäden, die bei den wenigen Schritten, die mir unter hoher Konzentration noch möglich sind, gefährliche Situationen für mich entstehen lassen. Dies verursachte vor wenigen Wochen, am 11.06.16 und bedingt durch diesen Umstand, einen erneuten schweren Sturz in der Wohnung. Der Fall auf die linke Seite und auf die Hüfte war sehr heftig. Ebenfalls der Fall auf die Rückenmuskulatur bewirkte weitere Schäden und kommt zu den schon vorhandenen hinzu.

Wenn Derartiges in die vorhandenen Lähmungen eines Schlaganfalls hinein geschieht, verursacht dies unweigerlich verschlimmernde Folgen. Dem Umschlagen des Fußes durch seitlich erhöhte Schuheinlagen zu begegnen, war unsinnig und zeigt die Gedankenlosigkeit bzw. Unfähigkeit des Arztes, der sie mir verschrieb. Die Schädigung liegt im Fuß selbst und lässt sich durch derartige Hilfsmittel nicht beheben oder heilen.

Diese Schiene verursachte drei Stürze. Nach meinem zweiten Sturz am 19.01.15 habe ich Ihnen einen geharnischten Brief geschrieben, auf den Sie nicht reagierten. Stattdessen habe ich am 19.03.15, ganz ohne Zweifel als Reaktion auf meinen Brief, einen anonymen Anruf erhalten, in dem eine Anruferin eine Entschädigung anboten hat und sich nach dem Erhalt eines Schreibens erkundigte. Da dieser Anruf anonym erfolgte, war mir ein Rückruf nicht möglich. Dieses Ereignis weist deutlich auf die Regung Ihres schlechten Gewissens hin wegen der Erstellung wegen dieses fehlerhaften Gutachtens und ist weitere Verdeutlichung der extrem zwielichtigen Zustände in der AHG-Klinik in Hilchenbach. Der Anruf kann nur von einer Ihrer Mitarbeiterinnen oder anderen Personen die eingeweiht waren, vorgenommen worden sein.

Zu Ihrem postalisch erhaltenen Schreiben am 10.09.2016 – ohne Datierung des Schreibens selbst – teile ich Ihnen hiermit meine Meinung mit.

Zum Inhalt meines Schreibens mit keinem Wort, noch nicht einmal andeutungsweise eine Stellungnahme abzugeben und mir stattdessen zu berichten, Sie seien wegen eines Behandlungsfehlers in einer Klinik gewesen und haben aus diesem Grund meine Schreiben nicht beantworten können, damit muten Sie mir zu viel zu, Ihnen dies zu glauben. Dass Sie sich erdreisten zu schreiben, das Gutachten in meinem Sinne erstellt zu haben, weist auf den Kriminellen in Ihrer Person hin. Nun, senil werden Sie wohl nicht sein, sondern bei Ihnen handelt es sich eher um den charakterlichen Zustand. Vielleicht sind Sie auch dem Herdentrieb Ihres Berufsstands verfallen.

Selbstverständlich ging es nur um dieses Plastikteil, nur darum und um die gesundheitlichen Folgen für mich. Ob Unterschenkelorthese, Peroneusschiene oder mit welchen anderen Namen sich dieses Marter-Instrument bezeichnen lässt. Man wusste es ja ohnehin nicht zu benennen. Was die anderen Dinge betrifft, die Misshandlungen, die mir in dieser Klinik zugefügt wurden und die mich heute zeichnen, das alles wurde ja sorgfältig ausgeklammert und mit keinem Wort – bewusst – nicht zur Sprache gebracht. Sei es von dem mich vertretenden Rechtsanwalt Marc Venten oder von späteren Anwälten. Diese Dinge wurden peinlichst nicht berührt. Die Wahrheit über diese Hilchenbach-Klinik wäre ja ins Blickfeld geraten. Dies belegt auch die Weigerung des Herrn Sackmann, eine Prüfung der Vorfälle in seiner Klinik zu erlauben. Weshalb?

Eine Patientenakte von mir wurde ja noch nicht einmal ordnungsgemäß in der Klinik angelegt, um den Verlauf meines Aufenthalts in der Klinik zu dokumentieren. Alleine dies ist schon Grund, andere Ereignisse dort ebenfalls in den Fokus zu rücken. Dieses aber galt es ja strikt zu vermeiden! Wenn derartige Zustände in der Klinik herrschten, muss dies der Klinikleitung bekannt gewesen sein. Bei einem vorhandenen Verantwortungsbewusstsein des ärztlichen Personals galt es, dies dringendst abzuändern. Dies ist nicht geschehen und es ist dem Pflegepersonal auch klar ersichtlich nicht nahegelegt worden, ein anderes Verhalten den Patienten gegenüber zu pflegen. Eine derartige charakterliche

Geisteshaltung einzunehmen, damit waren viele des Personals intellektuell auch überfordert.

Obwohl mir absolut nicht zum Scherzen aufgelegt war, bin ich bei einzelnen Pflegekräften auf humorvolle Gespräche eingegangen. Zu einem Pfleger auf der Station sagte ich einmal: „Marc, ich bewundere dich um den Humor, den du hast." Er antwortete mir mit den Worten: „Wenn ich diesen Humor nicht hätte, dann wäre ich hier verloren!"

Es ist mir absolut einsichtig, dass die Leitung einer Klinik sehr schwierig ist. Wenn aber noch nicht einmal Wert darauf gelegt wird, die Grundregeln der Ethik zu respektieren und einzuhalten, wenn dem Pflegepersonal ganz offensichtlich keine seelische Hygiene angeboten wird, um Eindrücke ihrer schweren Arbeit zu verarbeiten zu helfen, sondern diese in Frustrationen, Unmut und aufgestaute Aggressionen am Patienten auslässt.

Worüber andere Patienten berichtet haben und was mir in der AHG-Klinik in Hilchenbach selbst widerfahren ist, weist die Morbidität der AHG-Klinik auf – auch wenn sie zwischenzeitlich umbenannt wurde.

Indem Sie schreiben, Herr Wetz, dieses Teil sei von Ihnen klar, sachlich und unparteiisch beurteilt worden, haben Sie den mir entstandenen tatsächlichen gesundheitlichen Schaden durch das Tragen der Schiene, vor dem Gericht bewusst verschwiegen und waren der Hilchenbach-Klinik und dem Gericht parteiisch zugewandt. Dies belegen Ihre bekräftigenden Worte, die Schiene habe keine weitere schädigende Wirkung verursacht.

Lassen Sie mich wiederholen: Es geht hier nur um die Folgen der Nutzung dieser Schiene. Sie konnten nicht hingehen und nur alleine die Art der Herstellung „gutachterlich" (?) bewerten und die gesundheitlichen Auswirkungen durch das Tragen ausklammern. Dies ging nicht!

Der Richter Bauer fragte mich nach der ersten Gerichtsverhandlung: „Wie hat diese Schiene denn ursprünglich ausgesehen?"

Ich antwortete ihm darauf: „Dies kann nur der berichten, der die erste Reparatur an der Schiene vorgenommen hat."

Schweigen war die Antwort des Richters Bauer!

Ich erwarte von Ihnen, meinen Brief noch einmal aufmerksam zu lesen Herr Wetz und sich dazu zu äußern.

Ich halte meinen Anspruch auf eine Entschädigung aufrecht.

Johs. Schmidtke

★ ★ ★

Freitag, 14. Oktober 2016

Lieber Hr. Wetz,

Sie hatten genügend Zeit auf mein Schreiben vom 19.08.2016 zu antworten. Da Sie dies für unnötig erachten und mein Schreiben mit der rechtmäßig eingeforderten Entschädigung für die mir zugefügten bleibenden Schäden zu ignorieren, tolerieren sie somit das Veralten der AHG-Klinik in Hilchenbach respektive des Orthopädietechnikers Weißleder der sogar Meister und Werkstattleiter dieses Sanitätshauses ist und seiner verbrecherischen Handlungsweise. Sie machen sich damit mitschuldig an den Vorkommnissen.

Zu den mir zugefügten Misshandlungen, den daraus resultierenden schweren und dauerhaften Schädigungen durch das Tragen des unbrauchbaren Hilfsmittels in der AHG-Klinik in Hilchenbach und das durch Sie nicht wahrheitsgemäß erstellte Gutachten darüber, wiederhole ich meinen Anspruch auf Entschädigung, denn Sie sind sicherlich in einer Haftpflichtversicherung.

Ihr Verhalten Prof. Dr. Wetz ist dafür verantwortlich, das ich mich an dieser Stelle genötigt sehe mich zu wehren und folgende Texte zu veröffentlichen:

Sie halten es nicht für nötig auf mein Schreiben auf sachliche Art und Weise zu reagieren oder zur Kenntnis zu nehmen. Stattdessen ignorieren sie alles. Wer sich derart verhält wie Sie es tun Herr Prof. Dr. Wetz zeigt seinen Charakter und verdient größte Verachtung.

Ärztliche Titel sind dafür kein Freibrief.

Die falsche Beurteilung des von Ihnen erstellten Gutachtens, das mir durch das Tragen der fehlerhaften und ohne jegliche therapeutische Wirkung ausgehändigten Orthese, keine bleibenden gesundheitlichen Schäden entstanden sind, weist auf Ihren schäbigen Charakter hin.

Zumal hat sich ja zwischenzeitlich auch erwiesen, dass in meinem Fall die Verordnung eines solchen Hilfsmittels durch die AHG-Klinik in Hilchenbach, gar nicht notwendig war.

Das Sie selbst es waren unterstelle ich Ihnen nicht, aber dass mir in einem anonymen Anruf und sozusagen „unter der Hand" eine Entschädigung angeboten wurde, zeigt die kriminellen Tatbestand dieser Angelegenheit.

★ ★ ★

Ärztekammer Westfalen-Lippe
Gartenstraße 210–214

48147 Münster

Sehr geehrte Frau Schmidt!

Ihrem in hohem Maße oberflächlichen Antwortschreiben entnehme ich, dass sie nicht gewillt sind, die kriminellen Vorgänge in der AHG-Klinik in Hilchenbach und die mir dort zugefügten folgenschweren Misshandlungen zur Kenntnis nehmen zu wollen und zu ahnden.

Ebenso das falsch erstellte Gutachten des Arztes Dr. Wetz aus der Universitätsklinik in Münster und damit im Zusammenhang die schweren Schäden die mir entstanden sind. Ihr Verhalten zeigt erkennbar die Absicht, berechtigte Entschädigungsansprüche gegen den Arzt Dr. Wetz aus der UKM-Klinik in Münster und der AHG-Klinik in Hilchenbach nicht zum Tragen kommen zu lassen. Kein seriöser Arzt wird solch ein stümperhaftes und verantwortungsloses Gutachten erstellen wie dieser Dr. Wetz.

Nochmals zeige ich die mir angetanen Misshandlungen in der AHG-Klinik in Hilchenbach mit den gesundheitlichen Folgen für mich an.

Die Vorfälle sind Ihnen bekannt!

In dieser Angelegenheit wurde vor einem Zivilgericht verhandelt und – nicht rechtskräftig – sondern „unrechtskräftig" entschieden.

Es ist durchaus verständlich aber nicht zu akzeptieren, dass der Chefarzt Dr. Sackmann sich sträubte eine genauere Untersuchung der Verhältnisse in seiner Klinik in Hilchenbach zu der Zeit der Verhandlung zuzulassen. Abgesehen davon was mir in dieser

Klinik widerfahren ist, auch andere sehr zweifelhafte Vorgänge währen damit ans Tageslicht gekommen. Ungesetzliche und kriminelle Vorgänge sollten nicht erkennbar werden. Zahlreiche Patientenberichte über skandalöse Zustände in der AHG-Klinik in Hilchenbach belegen dies.

Man muss nicht erst aus den Schriften des Herrn Professor Dr. Hackethal zitieren, meine eigenen Erfahrungen genügen um zu der Erkenntnis zu gelangen, das Dr. Hackethal erstens recht hatte mit seinen Schilderungen über die Zustände im Gesundheitswesen, sondern zweitens auch, das sich diese Verhältnisse noch verschlimmert haben seit er dies niedergeschrieben hat.

Im Wesentlichen hervorgerufen sind diese durch ungeeignetes und charakterlich verdorbenes Personal im Pflege- oder ärztlichen Bereich, welches sich zum Dienst am kranken Mitmenschen berufen fühlt. Schuld daran haben auch die Kliniken, die, um einen erforderlichen Personalstand zu erreichen, fachliche und charakterlich ungeeignete Mitarbeiter einstellen um höhere Lohnkosten einzusparen, die fachlich versierten Kräften zustehen.

Solche Kliniken haben dem ursprünglichen höchst achtenswerten Berufsstand eines Arztes respektive dem des Gesundheitswesens im Allgemeinen, einen fragwürdigen und schmuddeligen Ruf zugefügt.

Das vorstehende bezieht sich nicht alleine auf die Verhältnisse in der AHG-Klinik in Hilchenbach, sondern auch auf meine späteren Erfahrungen in Kliniken zur Rehabilitation.

Johannes Schmidtke

★★★

Anonymer Erfahrungsbericht eines Patienten:

Ich bin sehr enttäuscht worden von dieser Klinik. Vor der Einweisung habe ich mir bereits die Tonnen von schlechten Bewertungen durchgelesen und war geschockt.
Durch eigene Erfahrungen kann ich nun sagen, dass jedes einzelne negative Wort über diese „Klinik" stimmt.
Zunächst sind die Therapien äußerst schwach. Gerne kommt niemand oder es wird einfach verkürzt. Die riesengroße Katastrophe ist dann das Personal: unverschämt, uneinsichtig, nicht bereit einem jungen Mann mit 2 Herzinfarkten, der einen 3. nicht überleben würde vom Rauchen abzubringen bzw. Personal schwärmt sogar noch vom Rauchen „davon wäre ja noch niemand gestorben." Es ist quasi unmöglich als Angehöriger mal einen Arzt zu erreichen, weder vor Ort noch Telefonisch. Jeder 2. daher gelaufene, der gerade mal weiß wie der Patient geschrieben wird, bekommt mehr über den Zustand gesagt als die Angehörigen, und dreisterweise auch noch sehr wichtige Dokumente, die eigentlich für die Angehörigen vorgesehen sind. Auch der soziale Dienst, der eigentlich helfen sollte eine Einrichtung für den Patienten nach der Horror REHA zu finden, hält sich sehr zurück und überlässt diese Aufgabe komplett den Angehörigen, die nun ohne Erfahrungen, Wissen etc. dastehen.
Sie halten es auch nicht für möglich eine vernünftige Beschreibung des Krankheitsbildes für Arbeitgeber etc. auszustellen, und erstellen lieber eine schwachsinnige Diagnose, die so was von überhaupt nicht den Schweregrad der RICHTIGEN Krankheit überdeckt.
Alles in einem einfach nur eine schreckliche Einrichtung.

Ende des Berichts.

★★★

Noch Mensch?

Oder schon Tier?

Das Gesundheitswesen ist einzigartig: In keinem anderen Gewerbe wie in dem des Gesundheitswesens, gibt es Angehörige dieses Berufsstands die gefahrlos Verbrechen an ihren Mitmenschen begehen. In keinem anderen Bereich ist es für die Mitglieder dieser Branche einfacher und gefahrloser, die schlimmsten Verbrechen zu begehen, um auf diese Art niedere Triebe, Unmut und sadistische Gelüste abzureagieren. Sie brauchen nicht zu befürchten, für die Schwere ihrer Vergehen jemals zur Verantwortung gezogen zu werden. Denn ein durch und durch verlogenes Pseudo-Rechtswesen schützt sie und wird zu ihren Komplizen.

★★★

Ich erkläre: „Ich habe Achtung vor Ärzten, die ihre Heilkunst im Sinn ihres ärztlichen Gelöbnisses am kranken Menschen ausüben. Aber jenen, die in überheblicher ärztlicher Arroganz nur aus Gewinnstreben ihrer Berufung nachgehen, Patienten belügen und betrügen, gehört der Äskulapstab links und rechts um die Ohren geschlagen."

Johannes Schmidtke
11. Januar 2020

★★★

Dies Zeilen schreibe ich nicht aus Boshaftigkeit, sondern rein aus dem Beweggrund, weil ich die Wesensart solcher Menschen durch bittere Erfahrungen am eigenen Leib kennengelernt und gesehen habe, wie Recht und Gesetz gänzlich versagt haben, ebenso jedwede Gewissensregung bei diesen Menschen. Dies alles hat meine Gesundheit zerstört.

Die Personen, von denen ich hier schreibe, glauben sich sicher. Sie sind davon überzeugt, dass ihnen ihr Coup gelungen ist, nachdem meine Angelegenheit trickreich in die Verjährung manövriert worden ist.
Ich benutze ein schonungsloses, aber angemessenes Vokabular, um meine Erfahrungen zu schildern und auszudrücken. Es sind Ergänzungen zu dem, was von mir bereits geschildert worden ist über Situationen, Ereignisse, Personen und Institutionen, die sich allgemeiner Narrenfreiheit bedienen, ihr Streben nach einem neuerlichen Sodom und Gomorrha deutlich durchblicken lassen und deren Freude daran, es voran zu treiben, erkennbar ist.
Sie glauben, es sei ihnen erlaubt, mit großem Aufwand an Verschlagenheit, mit Heuchelei und krimineller Energie, Menschen so zu behandeln, um sich auf diese Weise persönliche Vorteile zu verschaffen. Die nun folgenden Schilderungen resultieren aus Entwicklungen und Erinnerungen nach Fertigstellung meines ersten Buchs zu diesem Thema, „Der Fall Schlaganfall – Studie eines Verbrechens". Es sind notwendige Ergänzungen. Dieser Folgeband stellt zugleich ein hässliches Spiegelbild unserer heutigen Gesellschaft dar.

Wie in meinem ersten Buch zu dem Thema bemerke ich
auch hier, dass es sich dabei um keine allgemeinen
Feststellungen handelt, sondern nur den Personenkreis betrifft,
mit dem ich es zu tun hatte und habe.
Möge es so sein, dass es Menschen gibt,
die sich in diesen Zeiten ihren Charakter bewahrt haben!

★ ★ ★

Während des Aufenthalts in jener Klinik und meinen Erfahrungen dort dämmerte es mir, dass meine Genesung unmöglich gemacht wurde durch Individuen, die keinerlei Interesse, keine Bereitschaft zu mitmenschlichem Einfühlungsvermögen besaßen, um Patienten hin zur Besserung oder Heilung ihres gesundheitlichen Zustands zu begleiten. Alleinige Absicht des Personals solcher Einrichtungen ist es, Patienten in einen Zustand der Abhängigkeit und Behandlungsbedürftigkeit zu versetzen.

Das Gesundheitswesen ist ein barbarisches System. Opfer sind Patienten, die durch Fehlbehandlungen, durch – ja auch! – die Folgen von Misshandlungen und ebenso durch bewusst falsch gestellte Diagnosen möglichst lange Zeit an diese Einrichtung gebunden werden, um möglichst viel Geld von den Krankenkassen zu erhalten. Es gibt Ärzte, die ihren Beruf dazu benutzen und das Bewusstsein verdrängen, die Verantwortung dafür zu tragen, was mit kranken Menschen in ihrem Verantwortungsbereich geschieht. Sie üben ihren Beruf nur noch aus, um ihre Bankkonten zu füllen und experimentieren schamlos mit ihren Patienten, die ihnen notgedrungen vertrauen, weil sie nicht anders können. In keinem anderen Bereich ist es gefahrloser möglich, die scheußlichsten Handlungen an Patienten zu begehen, ohne Gewissensbisse zu entwickeln über die Spätfolgen und ohne dafür einmal belangt zu werden. Auch im juristischen Bereich erfährt man Derartiges. Niemand macht sich Gedanken darüber, dass heuchlerische Handlungsweisen ein Menschenleben zeichnen und sein Lebensglück zerstören – für immer. Sie können dies tun, ohne die geringsten Befürchtungen haben zu müssen, jemals dafür zur Rechenschaft gezogen zu werden.

Die Behandler befinden sich durch nicht mehr zu beherrschenden Stress und Überforderung, schließlich auch durch ein durchs Alleingelassen werden, in einer unerträglichen, schier ausweglosen Situation in der sie sich befinden. Ihnen muss mehr Anerkennung und seelische Erleichterung in Gesprächen ermöglicht werden ob der sich entwickelnden Spannungen für die Betreffenden und dem immer stärker werdenden Bedürfnis, diesen inneren Zustand verarbeiten zu können. Schließlich wollen sie kaum mehr, als innere Entspannung finden. Es besteht für diese Personengruppe ein Mitteilungsbedürfnis. Doch durch dieses scheinbar nicht erkannte Bedürfnis werden sie dazu getrieben, sich in Affekthandlungen innere Erleichterung zu verschaffen und schwerste kriminelle Handlungen an Patienten zu begehen. Es ist Aufgabe der Kliniken, ihr Betriebsklima zu verbessern für mehr Mitmenschlichkeit, nach der wir alle dürsten, auch wenn wir uns dies nicht eingestehen wollen oder können, da wir durch die Hektik unserer Zeit Getriebene sind aufgrund gewisser äußerer Mechanismen, die auf uns einwirken und uns zwingen, eine Wesensänderung anzunehmen.

Eine gewisse Sorte von Anwälten arbeiten für diese Kliniken und errichten mit krimineller und juristischer Argumentationsakrobatik einen „Schutzwall" um sie und ihre Ärzte mit dem einzigen Ziel, eine Haftung der Klinik und Entschädigung der Patienten, denen schwere Schäden zugefügt worden sind und das Lebensglück von so manch einem zerstört worden ist, unmöglich werden zu lassen. Diese sogenannten Rechtsanwälte sind selbst kriminell und stoßen ins gleiche Horn wie die Chefärzte und die Verwaltung der AHG-Klinik in Hilchenbach. In der Regel handelt es sich um fragwürdiges medizinisches Personal, das in solchen Kliniken ihr Auskommen findet. Solch schlimme Vorfälle geschehen niemals nur als Einzelfall in Kliniken dieser Kategorie. Derartige Zustände bleiben nicht unbemerkt und werden später von den ehemaligen Patienten oder deren Angehörigen beklagt.

Es obliegt dem ärztlichen Personal, derartigen Zuständen Einhalt zu gebieten und dafür Sorge zu tragen, dass dem Pflegepersonal wie der gesamten Belegschaft eines Krankenhauses oder einer Rehabilitationsklinik mit aller Ernsthaftigkeit vor Augen geführt wird, dass derartige Entgleisungen nicht toleriert werden können. Notfalls muss dieses bei Nichtbefolgen einer angeratenen Verhaltensänderung eine fristlose Kündigung nach sich ziehen und eine zuständige Meldestelle muss informiert werden, um solchen Personen eine weitere Tätigkeit im medizinischen Bereich unmöglich zu machen. Außerdem muss solch ein Personal durch charakterlich und fachlich geeigneteres ersetzt werden. Ob sich dieses dann finden lässt, ist eine andere Sache. Aber es gibt noch solch ein Personal. Die angesprochenen Anwälte nun sorgen mit einer absurden Argumentationsakrobatik dafür, dass der sogenannte „gute Ruf" solch einer medizinischen Einrichtung unangetastet bleibt. Ich wehre mich gegen die Erfahrungen in der AHG-Klinik in Hilchenbach. Doch wie groß mag die Dunkelziffer sein? Wem ist alles ebenfalls Schaden in dieser Klinik zugefügt worden? Wer alles kann sich nicht wehren gegen die Machenschaften dieser Klinik mit ihrem Chefarzt Sackmann.

Wo kämen wir auch hin, jegliche Art von Gewissen und Regungen der Menschlichkeit in uns noch zuzulassen in einer nur noch durch Heuchelei zu funktionierenden Gesellschaft.

Um deutlich zu machen, weshalb ich diese Schrift verfasse, erkläre ich hier den Anlass:

Im Jahr 2009 erlitt ich einen Schlaganfall und wurde durch das Maria-Hilf-Krankenhaus in Mönchengladbach zu einer Rehabilitation in die AHG-Klinik in der Ortschaft Hilchenbach geschickt. Großspurig bezeichnet sich diese Klinik als eine „Fachklinik für Neurologie". Doch in Wirklichkeit ist sie eine kriminelle Institution.

Die Worte des Neurologen Dr. Biggemann im Maria-Hilf-Krankenhaus in Mönchengladbach, „Sie haben alle Chancen, wieder völlig gesund zu werden", klingen heute noch in meinen Ohren nach und ich empfinde sie als Hohn. Denn dieser Arzt hat ohne jeden Zweifel gewusst, welcher Kategorie die Hilchenbach-Klinik zuzuordnen ist. Davon bin ich überzeugt. Letztendlich haben sich seine Worte ins Gegenteil verkehrt.

Einige Zeit nach meiner Rückkehr wandte ich mich in einem Brief an diesen Arzt, doch erhielt ich nie eine Antwort auf mein Schreiben. Dieser Brief an ihn wurde an der Krankenhauspforte für ihn abgegeben. Es interessierte ihn also nicht, sich zu den

Vorkommnissen in dieser Klinik zu äußern. Ich bildete mir somit eine Meinung über diesen Menschen, beließ es dabei und vergeudete keine weitere Energie, mich über sein Verhalten zu ärgern, sondern beschritt Wege, um die Klinik haftbar zu machen.

Das Entsetzen darüber, was mir geschehen war, steckte tief in mir, als ich meine hilflose Lage erkannte. Die Erstversorgung, die ich im Krankenhaus in Mönchengladbach erhielt, war wohl vernünftig. Ich stellte fest, dass ich mein Sprachvermögen behalten hatte und Gespräche führen konnte. Nach einer kurzen Zeit auf der Intensivstation konnte ich sie verlassen und wurde auf eine Pflegestation im Haus verlegt. Bereits hier kam ein Krankengymnast zu mir, um erste Übungen mit mir zu machen. Es waren erste Gehversuche mit ihm, bei denen ich mit seiner Unterstützung mein Bett verlassen habe, um mich in ein Gestell zu begeben, das stückweise vorangeschoben wurde, damit ich ihm in kleinen Schritten folgte. Es sah gut aus. Familienangehörige, die anwesend waren, beobachteten meine ersten Schritte nach dem Schlaganfall erstaunt. Es war mir also möglich, meine Fähigkeit zu gehen wiederzuerlangen, denn meine behutsamen Versuche ließen dies erkennen und weitere Fortschritte sollten wohl auch möglich sein, aber diese sollte ich nie machen können. Sehr bald wurde mir mitgeteilt, dass ich zur weiteren Behandlung in eine Rehaklinik geschickt werden sollte. Dies geschah dann auch binnen kürzester Zeit. Man teilte mir eines Morgens mit, dass ein Transportfahrzeug dieser Klinik bereits auf dem Weg zu mir sei, um mich abzuholen. Da der Fahrer sich aber verfahren habe, verzögere sich seine Ankunft. Diese Hals über Kopf getroffene Ankündigung der Verlegung in eine andere Klinik bereitete mir Unbehagen. Wie es sich im Nachhinein herausstellen sollte, war das berechtigt – als fühlte ich unbewusst, was auf mich zukommen sollte.

Als das Fahrzeug der Rehaklinik eintraf, startete es mit mir kurz darauf und ohne größere Verzögerung zur Rückfahrt in die AHG-Klinik nach Hilchenbach. Ich verabschiedete mich von meinen Familienangehörigen, die anwesend waren, und bekam noch einmal die salbungsvollen Worte des Neurologen zu hören:

„Sie haben alle Chancen, wieder völlig gesund zu werden!" Doch man gewährte mir in dieser Rehaklinik diese Chancen nicht. Vielmehr wurde hier alles getan, um sie mir zu nehmen.

Nach dreistündiger Fahrt erreichten wir die Klinik. Der Fahrer des Transporters erledigte die Formalitäten bei der Patientenaufnahme und ich wurde schließlich auf Station D1 gebracht. Man wies mir ein Bett am Fenster zu.

Was mir sogleich auffiel, war die angespannte Atmosphäre auf dieser Krankenstation und das Verhalten des Personals. Es war gereizt und die „Chemie" des Personals untereinander stimmte nicht. Zunächst aber war ich froh, mich nach diesem anstrengenden Vormittag und der langen Autofahrt erholen zu können und mich an meine Umgebung zu gewöhnen. An dieser Stelle füge ich den Text ein über die Geschehnisse in dieser Klinik und über das, was mir dort widerfahren ist. Möglicherweise wiederhole ich mich an einigen Stellen im Text:

Ungefähr drei Wochen nach meinem Schlaganfall und Aufenthalt in einem Krankenhaus wurde ich von diesem Krankenhaus in die AHG-Klinik Hilchenbach geschickt. Bei meiner Ankunft in Hilchenbach wurde mir ein 2-Bett-Zimmer zugewiesen, in dem bereits ein Patient lag. Er hatte die Angewohnheit, bereits am frühen Vormittag den Fernseher einzuschalten, der dann tagsüber bis in den Abend hinein eingeschaltet blieb. Wegen des Dauerbetriebs war es nicht möglich, Ruhe zu finden. Eine Unterhaltung zu führen oder wenigstens einige Worte zu wechseln, war mit ihm nicht möglich. Auf meine Bitten, den Fernseher für einige Zeit auszuschalten, reagierte er nicht oder lehnte es schroff ab. Nach einigen Tagen war dieser Zustand für mich nicht mehr erträglich und ich meldete es dem Pflegepersonal. Es wurde mir daraufhin ein Einzelzimmer versprochen, das ich aber auch nach Tagen nicht erhielt. Ich wurde immer nervöser wegen des Dauerbetriebs des Fernsehers. Ein Pfleger erzählte mir, dass Herr B. bekannt sei und sich schon andere Patienten über ihn beschwert hätten.

Eines Abends wollte er sich noch spät eine Fußballübertragung anschauen. Um des lieben Friedens willen sagte ich nichts dazu. Irgendwann bat ich ihn dann aber doch, den Fernseher auszuschalten, da ich müde war und schlafen wollte. Er weigerte sich hartnäckig und war dazu nicht bereit. Die Pflegerin, die ich rief, schaltete dann den Fernseher kurzerhand aus. Es gab wohl Kopfhörer und der Ton wäre dadurch nicht störend gewesen, doch ständiges Geflimmer des Bildschirms vor Augen war nicht minder schlimm. Er wurde darüber ärgerlich und nannte mich einen „Scheißer". Das zugesagte Einzelzimmer hatte ich immer noch nicht erhalten. Bei einer Visite des Chefarztes bat ich diesen noch einmal darum, mir ein anderes Zimmer zu geben, da ich den weiteren Aufenthalt im Zimmer mit Herrn B. wegen seiner Fernsehsucht nicht mehr ertragen konnte. Auch jetzt musste ich noch Tage warten und nochmals nachfragen, bis ich dann schließlich ein anderes Zimmer erhielt.

In diesem Zimmer blieb ich zunächst. Hier war es auch, wo mir ein Blasenkatheter angelegt wurde, den ich längere Zeit tragen musste bis zu dem Tag, an dem ich Schmerzen bekam. Der Schlauch des Katheters hatte sich verstopft und der Harn konnte nicht abfließen. Da die Schmerzen zugenommen hatten, rief ich eine Pflegekraft und erklärte es ihr. Der Katheter sollte ausgewechselt werden, nur im Moment nicht, da man noch frühstückte. Später würde dann jemand kommen und nachsehen. Meine Schmerzen im Unterleib nahmen durch den Druck in der Blase zu und ich rief wenige Minuten später erneut nach der Pflegekraft. Ich erklärte, weshalb ich erneut gerufen hatte und ich erhielt dieselbe Antwort: „Man wolle später nach mir sehen, doch zuerst müssten die Pfleger frühstücken." Dann erschien eine Chefarztvisite und ich erzählte von meinem Problem. Ob der Arzt die Anweisung zur Abnahme des Katheters gegeben hat, weiß ich nicht, jedenfalls verließ er das Zimmer. Ich ging aber davon aus, dass er es tat. Nun wartete ich darauf, dass jemand kommen würde, um mir den Blasenkatheter abzunehmen. Es ließ sich jedoch niemand blicken. Da die Schmerzen weiter zugenommen hatten, rief ich abermals nach einem Pfleger. Der kam dann auch und fragte unwirsch, was ich denn nun schon wieder wollte: „Sie haben doch schon mehrmals geklingelt und ich sagte Ihnen bereits, dass wir zuerst frühstücken müssen." Er sagte dies in einem unfreundlichen Tonfall zu mir und ging wieder aus dem Zimmer. Dann, eine ganze Zeit später, kamen tatsächlich zwei Pfleger, die mir den Blasenkatheter abnahmen, sodass ich mich in eine Urinflasche erleichtern konnte. Ein neuer Blasenkatheter wurde mir nicht mehr gelegt. Die Abnahme des Katheters hatte nur wenige Augenblicke in Anspruch genommen.

Auf der Station D1 war es auch, als eines frühen Morgens eine Hilfspflegerin ins Zimmer trat. Sie kam zu mir ans Bett und ergriff meinen gelähmten linken Arm und zog daran, sodass ich im Bett zum Sitzen kam. Da dies schnell vor sich ging, konnte ich darauf nicht reagieren. Heute weiß ich, dass dies tatsächlich von dieser Pflegerin „sehr dämlich" war, wie es einmal ein Orthopäde geradezu schmeichelhaft bezeichnet hat. Zu erwähnen ist, dass diese Klinik überwiegend ungelerntes Personal auf den Stationen beschäftigte, um Kosten zu sparen, sogenanntes Billigpersonal. Therapeuten erklärten mir später zu Hause, dass so etwas nicht hätte geschehen dürfen und die Pflegerin dies unbedingt hätte wissen müssen.

Heute habe ich dadurch große Probleme mit meinem Arm und dem Rücken (auch heute noch, am 21.04.2013, an dem ich dies hinzufüge). Der Oberkörper hat sich durch das Ziehen am Arm verdreht und etwas sehr Schädliches bewirkt. Auch hat sich durch das gewaltsame Zerren an meinem linken Arm die Lage der Milz verändert. Sie tritt linksseitig hervor. Die Ergotherapeuten, die zu mir kommen, geben sich große Mühe, mir zu helfen, aber eine Besserung ist bis heute nicht erreicht worden. Es sind starke Verspannungen von Muskeln und Sehnen vorhanden und ein Krankengymnast sagte mir, es seien durch das Ziehen am Arm mit Sicherheit Muskeln verletzt worden und es gebe eine „Blockade", die verhindere, dass ich meinen Arm benutzen kann.

Bald darauf kam ich auf eine andere Station (E3), da mein Zimmer für einen Patienten gebraucht wurde, der mit einem Krankenhauskeim in meinem Zimmer isoliert liegen musste.

Auf E3 wurde ein Patient zu mir aufs Zimmer gelegt, der sehr laut schnarchte. Es war unmöglich durchzuschlafen, da ich ständig durch das laute Schnarchen geweckt wurde. Dazu kam noch, dass der Patient Infusionen erhielt, die alle zwei Stunden erneuert werden mussten. Wenn die Flasche leergelaufen war, ertönte ein lauter Pfeifton, der aber vom Nachtdienst nicht gehört wurde und ich gezwungen war, nach ihm zu klingeln. Die Ehefrau des Patienten erwartete von mir, auf ihren Mann Obacht zu geben und nachts nach dem Pflegepersonal zu klingeln, damit eine neue Flasche von der Flüssigkeit angehängt wurde.

Der Patient lag vorher schon auf einer anderen Station in einem Einzelzimmer. Diese Station hatte ihn dann verlegen lassen, da er mit seinem Schnarchen andere Patienten auf der Station störte. Wenn ich bedenke, dass ich selbst krank war und nach meinem Schlaganfall mehr oder weniger hilflos, war das Ansinnen der Ehefrau des Patienten schon mehr als rücksichtslos, mich in der Nacht um ihren kranken Mann kümmern zu sollen. Das Pflegepersonal hätte einem solchen Patienten mehr Beachtung schenken müssen, denn dazu war es ja da. Die Frau des Patienten erzählte mir, sie habe mich im Rollstuhl in der Klinik gesehen und sich gedacht, ich sei die richtige Person, die mit ihrem Mann zusammen auf einem Zimmer liegen sollte. So war es ja nun auch gekommen, aber wie war das möglich? Dies kann nur durch das Pflegepersonal oder einem Arzt gebilligt worden sein. Dies erzählte ich auch meiner Kunsttherapeutin. Sie fand dies ebenfalls unmöglich und sprach darüber mit einem anderen Stationsarzt, um Abhilfe zu schaffen, **denn sonst wäre der Erfolg meiner Reha gefährdet.**

Durch das, was ich bereits vorher erlebt hatte, war ein Erfolg ohnehin schon sehr infrage gestellt. Es wurde mir dann wiederum ein anderes Zimmer zugesagt, in das ich aber nach einigem Hin und Her nicht verlegt wurde, sondern auf der Station E3 und im selben Zimmer blieb bis zu meiner Entlassung aus der Klinik.

Auf E3 gab es einen Patienten (Herrn Br***r), mit dem ich zusammen am selben Tisch die Mahlzeiten einnahm. Bereits morgens erhielt er meist Besuch. An einem Morgen im Frühstücksraum sagte Herr Br***r zu seinem Besucher: **„Ich kann dir von Sachen erzählen, die hier in der Pflege abgehen ..."** Später dann, ich hatte mich mit dem Rollstuhl nach unten auf die Terrasse begeben, kam dieser Besucher zu mir, sprach mich an und fragte, welche Erfahrungen ich denn mit der Pflege in dieser Klinik gemacht hätte. Da ich aber bereits Ärger genug erfahren hatte, gab ich ihm nur eine ausweichende Antwort. Es lag mir aber auf der Zunge zu erwidern, dies hier sei die Hölle, unterließ es aber, um mir nicht noch mehr Ärger einzuhandeln.

Auch erinnere ich mich an einen anderen Patienten auf dieser Station, Herrn J****n, der eines Morgens aufgebracht aus seinem Zimmer rollte und erbost schrie: **„Solche herzlosen jungen Dinger!"** Er rollte in seinem Rollstuhl weiter. Was vorgefallen ist, ist mir nicht bekannt, da Herr Jansen noch am Vormittag die Klinik verlassen hat. Seine Reha war beendet.

★ ★ ★

Diesen Brief schrieb ich an meine damalige Krankenversicherung:

Sehr geehrte Damen und Herren!

Im Januar des vergangenen Jahres erlitt ich einen Schlaganfall und war von Februar bis April zu einer REHA in Hilchenbach. Dort wurde mir eine Peroneusschiene verordnet. Es war mir unmöglich, mit dieser Schiene zu gehen, da mir ständig der Fuß umknickte. Ich schob es aber auf die Schuhe, die ich trug. Zu den Therapieterminen wurde mir diese Schiene angelegt, damit ich darin meine Gehübungen machen konnte. Dies war für mich durch das Umknicken des Fußes schmerzhaft und unmöglich. Die ganze vom Schlaganfall gelähmte linke Körperhälfte verkrampfte sich dadurch. Meine Schwierigkeiten blieben von den Therapeuten unbeachtet – insbesondere, dass sich keine Besserungen an mir bemerkbar machten. Was dieses Problem verursachte, wurde nicht festgestellt und es interessierte niemanden. Mir selbst ist es auch nicht in den Sinn gekommen, dass mit der Schiene etwas nicht in Ordnung war, da ja ein Gipsabdruck angefertigt worden war und ich darauf vertraute, dass die Schiene korrekt angepasst sei.

Es ist ebenfalls nicht möglich, dass niemandem vom Personal meine ungewöhnlichen Gehversuche **nicht** aufgefallen sind. Durch das tägliche Tragen der Schiene und das ständige Umknicken des Fußes strahlte dies auf meine gelähmte linke Körperhälfte aus. Muskeln und Sehnen war es nicht möglich, die normale Funktion wieder zu erlernen. Die Schiene wurde mir verordnet, weil sie angeblich erforderlich war.

Nach meiner Rückkehr aus der Reha trug ich zu den Therapieterminen in der Wohnung weiterhin diese Schiene und hatte weiterhin besagte Probleme beim Gehen. Die Therapeutin, die zu mir in die Wohnung kam, bestand auf das Tragen der Schiene, obwohl auch sie mein Problem damit gesehen hatte. Mir fiel es dann daheim auf, dass, wenn ich mir die Schiene am Abend abnahm und hinstellte, sie immer zu Seite hin umkippte. Auch einer Ergotherapeutin war aufgefallen, dass diese Schiene, wenn sie mir diese nach der Therapiestunde wieder abnahm und sie hinstellte, immer zur Seite kippte. Es war dann im Oktober 2009, als ich dieser Angelegenheit nachging.

Ich hielt die Schiene hoch und entdeckte, dass sie innen von der Ferse her schräg nach oben verlief und mir dadurch der Fuß zwangsläufig umknicken musste durch diesen Höcker, da es keine Trittfläche gab wie bei einem gesunden Fuß.

Mir ist es unverständlich, wie trotz eines Gipsabdruckes eine derartige Schiene hergestellt und übergeben werden konnte. Der Heilungsprozess wäre normal verlaufen, da ich ja bereits im Krankenhaus wenige Tage nach dem Schlaganfall wieder mit Unterstützung eines Therapeuten angefangen hatte, in einem Gestell zu gehen.

Bei der Übergabe und dem Anpassen der Schiene in der Klinik war kein Arzt anwesend. Auch die Verordnung der Anfertigung hatte meinem Wissen nach kein Arzt veranlasst, scheinbar war es wohl den Krankengymnasten bzw. gewissen Personen in der Klinik möglich, so etwas zu tun. Auch war es offenbar üblich, wie man mir später sagte, dass nach einigen Tagen des Tragens einer

Schiene wegen der Passform noch einmal von einem Arzt nachgefragt wurde. Dies ist in der Klinik allerdings nicht geschehen.

Das Umknicken meines Fußes in der Schiene schrieb ich den Schuhen zu, die ich trug. Dies sagte ich auch der Krankengymnastin. Es gab ihr nicht zu denken und es war kein Grund für sie, sich einmal näher anzusehen, was mein unsicheres Gehen verursachte und ob es nun wirklich an den Schuhen lag oder die Schiene dafür verantwortlich war. An den Schuhen, die ich damals trug, hat es jedenfalls nicht gelegen!

Nach Bemerken des Fehlers reklamierte ich die Schiene beim Sanitätshaus und der Person, die mir die Schiene angefertigt hatte. Sie fühlte sich nicht mehr zuständig, da es bereits eine zu lange Zeit zurückliegen würde, wie sie sagte. Der Mitarbeiter verlangte zur Anfertigung einer neuen Peroneusschiene eine erneute Verordnung. Mein Hausarzt stellte mir dann aber ein Rezept zur Reparatur der Peroneusschiene aus. Es erfolgte dann durch das Sanitätshaus noch eine Reparatur. Nach dieser Reparatur hatte sich die Schiene verzogen und war für den gedachten Zweck nicht mehr zu verwenden. Mehrmalige halbherzige Versprechen des Orthopädietechnikers des Sanitätshauses, sich diese Schiene einmal bei mir daheim anzusehen, wurden nicht eingelöst.

Nun muss ich im Schuh linksseitig erhöhte Einlagen tragen, um die entstandene Fehlstellung und Neigung des linken Fußes, nach links zu knicken, auszugleichen. Dies hat im vergangenen Jahr einen Sturz in der Wohnung zur Folge gehabt. Ein normales Gehen barfuß, so wie ich es bereits im Krankenhaus Maria-Hilf wieder begonnen habe, ist mir nicht mehr möglich, da der Fuß nun die Neigung hat, nach außen zu knicken. Dadurch kann ich den Fuß nicht richtig aufsetzen und habe kein richtiges Gleichgewicht. Das Umknicken des Fußes hatte und hat Auswirkung auf die gesamte linke vom Schlaganfall betroffene Körperhälfte.

Das fortwährende Umknicken des Fußes hat sich nun manifestiert und ich trage nun orthopädische Einlagen in den Schuhen, mit denen mir das Gehen mehr schlecht als recht möglich wird. Dies alles wäre nicht nötig gewesen.

Auch meinem Arm ist es nicht gut ergangen. Es kam eines Morgens eine Pflegerin ins Zimmer und zog mich völlig unvermittelt an dem betroffenen Arm hoch, damit ich im Bett sitzen konnte. Ich verstehe es bis heute nicht, wie diese Pflegerin auf den Gedanken kommen konnte, einen Schlaganfallpatienten am betroffenen Arm zu ziehen.

Die Ergotherapeutin, die mich behandelt, hat nun Probleme mit der Beweglichkeit des Arms festgestellt. Ich bin besorgt, ob ich meinen linken Arm jemals wieder gebrauchen kann.

***

Bei einem Behandlungstermin in der Praxis für Physiotherapie und Osteopathie, Friedrich D., Mönchengladbach-Rheydt, erklärte mir Herr Friedrich D. am 07.01.13:

„Das Problem mit der Unbeweglichkeit Ihres Arms und mit der Rückenmuskulatur der linken Körperhälfte sind ‚**OHNE WENN UND ABER**' die Folgen des Zerrens an Ihrem vom Schlaganfall betroffenen Arm durch die Pflegerin in der Klinik in Hilchenbach entstanden." Später dann auf diese Äußerung angesprochen, leugnete er, dies jemals zu mir gesagt zu haben. Was soll man zu diesem Verhalten nur sagen?

***

Welchen Umsatz hast du denn heute schon gemacht?

Drei Ergotherapeuten in der Praxis CW*therapie* in Mönchengladbach-Rheydt sind sich darin einig, dass die Probleme mit der Unbeweglichkeit meines linken Arms und den Verhärtungen der Rückenmuskulatur meiner linken Körperhälfte **keine**

Folgen meines Schlaganfalls sind! Auf meine Bitte hin, mir dies doch schriftlich zu bestätigen, stellte man mir dies zwar in Aussicht. Letztendlich aber wurde mir selbst nach wiederholtem Bitten diese Aussage nicht in schriftlicher Form gegeben.

★ ★ ★

Zustandsbeschreibung

Was mich schockiert, ist die Gewissenlosigkeit des Chefarztes Sackmann zu behaupten, ich hätte seine Klinik am 28.04.09 in hervorragendem Zustand verlassen. Selbst vor dem Ministerium für Gesundheit, Familie und Erziehung in Düsseldorf behauptet er das. Obgleich ich es dem Ministerium wiederholt angeboten habe, zeigt man kein Interesse, sich von der Behauptung der Klinikleitung zu überzeugen und die Falschbeurteilung richtigzustellen.

Dass in der Zeit meines Aufenthalts in dieser Klinik manches nicht mit rechten Dingen vor sich gegangen ist, habe ich wohl bemerkt. Den vollen Umfang und die Folgen dieser Geschehnisse für mich habe ich aber erst nach der Heimkehr an meinen Wohnort realisiert und durch Bemerkungen von Physiotherapeuten dazu.

Noch in Hilchenbach teilte mir der Stationsarzt Jeßrang mit, er habe mich bereits in einer Klinik in Krefeld zu einer weiteren Rehabilitationsmaßnahme angemeldet und ich würde unmittelbar nach meiner Heimkehr an meinen Wohnort in Kürze dort weiter behandelt. Knapp ein halbes Jahr nach Beendigung dieser Reha wurde mir eine erneute Reha bewilligt. Beide Maßnahmen brachten mir wegen der zugefügten Schädigungen in der AHG-Klinik in Hilchenbach (**kurze Zeit später, wurde die Klinik umbenannt**) keinen Erfolg und nicht die geringste Besserung – ein Possenspiel wie auch jeder weitere Aufenthalt in dieser Klinik in Krefeld, ebenfalls eine Fachklinik für Neurologie, die sich in enger Zusammenarbeit mit der Klinik in Hilchenbach gegenseitig die Patienten zuschiebt als äußerst gewinnträchtige Einnahmequelle. Auch eine darauffolgende dritte Reha in dieser Klinik brachte keinen Erfolg. Zweifellos war es die Absicht, die Folgen der Misshandlungen in der Hilchenbach-Klinik zu maskieren.

In den Jahren zwischen 2009 und 2013 habe ich zur Besserung meines angeblich bereits hervorragenden Gesundheitszustands insgesamt **fünf** Rehabilitationsmaßnahmen erhalten, die mir aber nicht die geringste Besserung gebracht haben – aus bekannten Gründen! Wenn man bedenkt, welche enormen Kosten den Krankenkassen dadurch entstanden sind …

Laut Aussage der Klinik bzw. seines Chefarztes habe ich diese eindeutig von Kriminalität geprägte Klinik aber am 28. April 2009 in einem als hervorragenden Zustand verlassen.

Es fehlen mir die Worte, um zu beschreiben, wie er hat angeben können, ich hätte sie in hervorragendem Zustand verlassen. Und dennoch werden mir weitere Reha-Maßnahmen von Krankenkassen bewilligt? Da ich mich wegen der rechtlichen Fragen frühzeitig an den Petitionsausschuss und an Anwälte gewandt habe, waren alle meine Bemühungen letztendlich im Sande verlaufen und haben zu keinem Erfolg geführt. Es lässt sich daher all dies nur mit folgenden Worten umschreiben:

Korruption ist in der Gesellschaft unseres Landes zur Normalität geworden, da dies eine beträchtliche und sichere Einnahmequelle darstellt. Unser Rechtssystem befindet sich im Siechtum, versagt in vielem und – man muss schon sagen – in allem. Es ist zu einer Farce geworden.

Johannes Schmidtke
März 2017

16.08.2017

***

Das müssen Sie beweisen!

„Das müssen Sie beweisen!", ist eine Forderung der Rechtsprechung, mit der – zumindest in meinem Fall – die Verfolgung von Verbrechen unterdrückt werden soll, wenn man nahe an der Wahrheit ist, um den Täter zu überführen, und man seine Anschuldigung verhindern will, obwohl deutliche unwiderlegbare Hinweise auf seine Schuld bestehen.

***

Erstellung: 30.07.14

Bei einem Schlaganfall verändert sich am Skelett **nichts.** Der Schlaganfall verursacht eine Lähmung von Muskeln und Sehnen und die Koordination der Bewegungsabläufe ist nicht mehr möglich. Von einem Schlaganfall erholt sich der Körper aber nach einer gewissen Zeit der Ruhe weitgehend bis vollständig. Durch das Zerren an meinem Arm aber ist meinem Körper Gewalt angetan und sensible Impulsgeber zur Steuerung der Muskeltätigkeit (Synapsen) zerstört worden.

Wird dies durch eine dämliche, weil unerlaubte Handlungsweise von fachlich und ebenso charakterlich ungeeignetem Pflegepersonal verursacht, entstehen hierdurch irreparable Schäden beim Selbstheilungsvorgang des Körpers, der gerade beginnt.

Johannes Schmidtke

***

Das Böse in der Welt lebt nicht durch die,
die Böses tun, sondern durch die,
die Böses dulden.
N.N.

Ärztekammer
Westfalen-Lippe
Gartenstraße 210–214

48117 Münster
M'gladbach, 26.01.16

Sehr geehrte Damen und Herren!

Hiermit zeige ich an, was mir in der AHG-Klinik in Hilchenbach widerfahren ist. In dieser Klinik habe ich mich im Jahr 2009 zur Ausheilung eines Schlaganfalls aufgehalten.

Nach den schlimmen Erfahrungen dort zeichnen mich als Folge der Misshandlungen dort die Schädigungen meines linken Arms, den ich nicht mehr gebrauchen kann, meiner Schulter (Sehnenrisse),

meines Schulterblatts sowie meines Rückens mit Schädigung der linksseitigen Rückenmuskulatur. Diese Schädigung wirkt sich zudem auf mein Bein aus und erlaubt es mir nicht zu gehen.

Mein linkes Bein schlägt beständig nach hinten durch. Als Folge einer fehlerhaft angefertigten Schiene habe ich heute einen deformierten linken Fuß. Mehrmals habe ich in der Klinik den Zustand dieser Schiene beanstandet. Nie ist dies beachtet worden.

Außerdem habe ich durch das gewaltsame Zerren an meinem linken Arm und durch das Verdrehen des Oberkörpers eine Vorwölbung der Milz davongetragen.

Bei meiner Rückkehr aus der Klinik in Hilchenbach war ich in einem schlimmeren Zustand als bei meiner Ankunft dort. Die Klinik behauptet: Von einem völlig auf fremde Hilfe angewiesenen Patienten bei meiner Ankunft in dieser hätte ich diese am 27.04.09 in einem als hervorragenden zu bezeichnenden Zustand verlassen. Alleine, dass es sich die Klinik erlaubt, eine derartige Bewertung abzugeben, ist in höchstem Maße kriminell und kennzeichnet den inneren Zustand der Klinik.

Die Misshandlungen, die an mir durch Klinikpersonal begangen worden sind – dazu zähle ich auch die unbrauchbare Peroneusschiene, die mir übergeben worden ist – hatten erhebliche körperliche Schäden zur Folge.

Die skandalösen Zustände dort herrschen schon seit Jahren vor und diese mussten der Klinikleitung auch bekannt sein. Bei gutem Willen und vorhandenem Verantwortungsbewusstsein der Klinikleitung, insbesondere ihres Chefarztes Dr. Sackmann, ließen sich diese Zustände sicherlich mithilfe von drei oder vier Mitarbeiterversammlungen abändern. Dies ist allerdings nie erfolgt!

Als ich an jenem 27.04.2009 als angeblich in einem hervorragenden Zustand diesem Tag zu meiner Familie heimkehrte, erschrak sie darüber, in welch schrecklichem Zustand ich war.
  Nichts hat sich seitdem bei mir gebessert. Es ist mir nicht möglich, richtig zu gehen. Auf Kommoden muss ich mich stützen und an Wänden entlang humpeln, wenn ich mich durch die Wohnung bewege. Meinen linken Arm kann ich nicht benutzen. Ein Gehen im Freien ist mir ganz und gar unmöglich, denn durch die verletzte Rückenmuskulatur fehlen mir die nötigen Voraussetzungen dazu.
  Die Klinik hat angegeben, kilometerweites Gehen sei mir möglich gewesen. Die Darstellungen bzw. Rechtfertigungen der Klinik sind allesamt Lügen, um Behandlungsfehler, Misshandlungen und die mir daraus entstandenen bleibenden Schäden zu vertuschen.

Die Gerichtsverhandlung, die vor dem Landgericht in Siegen stattgefunden hat, war eine Farce und basierte auf fehlender Kenntnisnahme objektiver Sachverhalte, um eine Haftung der Klinik nicht anerkennen zu müssen.

Johs. Schmidtke

Prof. Dr. Julius Hackethal aus dem Buch „Der Meineid des Hippokrates":

„Ich habe seit vielen Jahren auch immer wieder schriftliche Zustimmung von Arztkollegen zu meiner Medizinkritik bekommen, die dafürspricht, dass sich diese Ärzte anders als die Mehrzahl verhalten. Leider kann ich keine Namen nennen, um diese Kollegen nicht zu gefährden. Es gibt sie also, die vertrauenswürdigen Ärzte, auch die höchst vertrauenswürdigen. Aber die überwiegende Zahl verdient kein Vertrauen."

★★★

Kurz nach Beendigung einer erneuten Reha im Jahr 2018 stieß ich im Internet auf einen Artikel. Sofort kam mir das in Erinnerung, was ich in der AHG-Klinik erleben musste:

SIEGENER ZEITUNG vom 13.09.2018, 08:49 Uhr

Ehepaar schwer verletzt aufgefunden

Tragisches Familiendrama in Klinik Hilchenbach. Was genau sich am Mittwochnachmittag in der Celenus-Klinik abgespielt hat, muss noch geklärt werden. Dort war ein Ehepaar mit Stichverletzungen aufgefunden worden.

kalle – Eine Bluttat hat sich am frühen Mittwochnachmittag in der Celenus-Klinik für Neurologie an der Ferndorfstraße in Hilchenbach ereignet. Gegen 14.40 Uhr war ein betagtes Ehepaar in einem Patientenzimmer mit schweren Stichverletzungen von Klinikmitarbeitern aufgefunden worden. Der herbeigerufene Rettungsdienst der Feuerwehr brachte die beiden 87-Jährigen in verschiedene Krankenhäuser. Während die Frau in ein Siegener Krankenhaus transportiert wurde, flog man den Ehemann mit dem Hubschrauber in die Justus-Liebig-Universitätsklinik in Gießen. Beide Schwerverletzten, so die Pressestelle der Kreispolizeibehörde auf Anfrage der Siegener Zeitung, waren nicht ansprechbar. Nach SZ-Informationen wurde in dem Zimmer die vermutliche Tatwaffe, ein Messer, aufgefunden. Zur genauen Abklärung des Tatgeschehens wurde die Mordkommission Hagen in den Fall eingeschaltet. Die Spurensicherung lief bis in den späten Abend. Der Ablauf und das Motiv für das Drama sind bislang noch nicht bekannt. Während Polizei und Rettungskräfte mit einem Großaufgebot an der Neurologischen Klinik anrückten, bekamen die meisten Patienten und Besucher von den tragischen Ereignissen kaum etwas mit.

★ ★ ★

Die AHG-Klinik in Hilchenbach ...

Den Bogen den man um diese Klinik herummachen sollte, der kann nicht groß genug sein. Diesen Rat gebe ich durch eigene Erfahrungen in ihr und einem Aufenthalt. Die Vorkommnisse zerstörten mir meine Gesundheit. Derartige Vorkommnisse werden vertuscht und verschwiegen. Das Verhalten der Ärzte löst Entsetzen aus. Hier ist im Besonderen der Chefarzt Sackmann zu nennen, der jegliche charakterliche Regung und Gewissen vermissen lässt...

***

Versuch einen Kontakt zu der AHG-Klinik in Hilchenbach herzustellen. Auf dieses Schreiben und auf alle meine vorausgegangenen Schreiben, erhielt ich nie eine Antwort.

AHG-Klinik
Ferndorfstraße 15
57271 Hilchenbach

Anfang des Jahres 2009 hielt ich mich zur Behandlung meines Schlaganfalls in Ihrem Haus auf. Die mir zugefügten grausamen Misshandlungen in Ihrer Klinik sind durch fachlich unausgebildetes und ungeeignetes Personal an mir verübt worden. Die Bezeichnung dafür bezeichnet man allgemein als Billigpersonal. Den Unmut über die internen Zustände der Klinik habe ich wiederholt durch Klinikpersonal oder durch Mitpatienten vernommen. Dieser Unmut machte sich in bestialischem Verhalten gegenüber den Patienten bemerkbar. Dies bekam auch ich zu spüren und es zeichnet meinen heutigen Zustand.
 Sie bezeichnen sich als „Fachklinik für Neurologie". Die Erfahrungen die ich während meines Aufenthalts in Ihrem Haus machen musste, lassen eine solche Bezeichnung nicht zu.
 Meinen Zustand dann bei verlassen ihrer Klinik als „hervorragend" zu bewerten", lässt ethische, menschliche und moralische Grundsätze der Person des Arztes Sackmann vermissen – sein ärztliches Verhalten zu bewerten, lasse ich aus. Auf jeden Fall aber ist sein Verhalten widerlich und abstoßend – und dies ist gelinde ausgedrückt. Nicht nur allein diese Person besitzt eine zu verurteilende Wesensart, auch das Verhalten des ihm unterstehenden Pflegepersonals kann man nur als krank bezeichnen und lässt sich durch nichts entschuldigen!
 In einem schlimmeren Zustand als bei meiner Hinfahrt zu Ihnen nach Hilchenbach, habe ich ihr Haus an jenem 28.04.2009

verlassen und meine Familie erschrak über meinen Zustand. Vor wenigen Tagen, habe ich meine **5. erfolglose** Rehabilitationsmaßnahme beendet. Die zugefügten Schäden der Misshandlungen durch das Pflegepersonal ihrer Klinik, machen auch nur die geringste Besserung unmöglich, obwohl Ihr Herr Sackmann bei Verlassen der Klinik meinen Zustand damals als „ausgehend von einem auf volle Hilfsbedürftigkeit anderer angewiesen Patienten, am 28.04.2009 diese in einem als hervorragend zu bezeichnenden Zustand verlassen hat" bezeichnete.

Welche Heuchelei! Welche sadistische Verhaltensweise!

Hier erfolgt eine Vertuschung krimineller Vorgänge an ihrer Klinik!

Auch das „Ministerium für Gesundheit" in Düsseldorf orientiert sich an der Behauptung des Herrn Sackmann – ist aber nicht bereit, sich davon zu überzeugen, ob diese richtig oder falsch ist. Wiederholt habe ich dies der Stelle im „Ministerium für Gesundheit", angeboten. Es lässt sie völlig unberührt und sie zeigt keinerlei Interesse daran.

Nach Erkennen meines Zustands durch den Aufenthalt an Ihrer Klinik, beschritt ich den Rechtsweg, da ich für meine zerstörte Gesundheit, Schmerzensgeld und Entschädigung einklagen wollte und erkannte sehr bald, es war vergebliches Bemühen. Das Verhalten der Rechtsanwälte bzw. Richter die Recht hätten sprechen müssen, verhinderten eine Rechtsprechung, wie sie im Sinne des Gesetzes und in diesem Rechtsstaat hätte erfolgen müssen.

Deshalb wähle ich nun nicht mehr den Umweg über Rechtsanwälte und späterer Gerichtsverfahren, sondern fordere ein Schmerzensgeld und eine Entschädigung durch Sie **erneut** direkt ein.

Die Schädigung meiner linksseitigen Rückenmuskulatur die mir das Gehen unmöglich macht, die schweren Verletzungen im Schultergürtel und Sehnenrisse infolge des Zerrens an meinem linken Arm den ich nicht mehr gebrauchen kann und die Deformierung meines linken Fußes.

Sie sind mir noch immer eine Entschädigung schuldig und diese fordere ich hiermit bei ihnen ein.

Johannes Schmidtke

* * *

Falsche Angaben der Klinik!
Die Angaben im Schreiben der AHG-Klinik in Hilchenbach sind falsch!
Richtigstellung: Bei der CT-Verlaufskontrolle vom 18.02.09 *wurde* noch Restblut festgestellt. Die Stationsärztin auf der Station D1 war es jedoch gleichgültig und sie hielt es später nicht für nötig, eine nochmalige Überprüfung zu veranlassen.

Eine erforderliche Patientenmappe über mich war von der Klinik nicht angelegt worden und fehlte. So war es nicht möglich, den Behandlungsverlauf während der Aufenthaltsdauer einzusehen.

Erst bei der CT-Verlaufskontrolle am 16.04.09 verordnet durch einen anderen Stationsarzt wurde eine vollständige Resorption des Restbluts festgestellt. Dies wurde mir von der durchführenden Person mitgeteilt.

Eine Inkontinenz, wie im Schreiben der Klinik behauptet wird, hat bei mir nie vorgelegen, weder in früheren Zeiten noch während des Aufenthalts in der Klinik in Hilchenbach. Die Behauptung, ich hätte durch Einnässen eine Störung der Mitpatienten verursacht, ist eine Unverschämtheit und unterstreicht die unseriöse Struktur dieser Klinik.

Auch ist mir nichts dergleichen in Bezug auf die Schiene mitgeteilt worden, wie die Klinik behauptet. Die wiederholte

Behauptung seitens der Klinik, die Schiene sei <u>nicht</u> fehlerhaft hergestellt worden, ist eine Lüge, um sich der Verantwortung zu entziehen! Beweise, dass sie grob fahrlässig durch den Orthopädietechniker M. Weißleder vom Sanitätshaus Kienzle in Bad Berleburg angefertigt und mir übergeben worden ist, sind dokumentiert. Im Krankenhaus „Maria Hilf" in Mönchengladbach konnte ich in einem Gestell wieder erste Schritte machen. Bei diesen ersten Schritten gab mir ein Krankengymnast Hilfestellung.

***

Krankengymnast in der AHG-Klinik in Hilchenbach

Dieser Krankengymnast kam und wollte Gehübungen mit mir machen. Wiederholt machte ich darauf aufmerksam, dass mir dies nicht möglich sei, da mir der Fuß, durch eine Fehlstellung die das Tragen einer fehlerhaften Schiene verursacht wurde, mir der linke Fuß nach Ablegen dieser Schiene seither nach außen umknickt, doch er bestand auf diesen Übungen. Wiederholt machte ich ihn darauf aufmerksam. Während einem dieser Versuche, knickte mir der Fuß dann einmal derart schmerzvoll um, das ich aufschrie und der Krankengymnast nun einsah, dass mir ein Gehen nicht möglich war. Dieser Vorfall hat dann das Entstehen einer knöchernen Verletzung verursacht, die über Jahre fälschlicherweise von Ärzten als Ganglion diagnostiziert wurde, viele interessierte mein Problem aber auch gar nicht und taten es als Erscheinung meines Schlaganfalls ab. In der Klinik in Hilchenbach machte ich das Pflegepersonal darauf aufmerksam, doch dieses hörte über meinen Hinweis hinweg. Man hatte ja bereits meine Hinweise wegen der Peroneusschiene nicht beachtet.

***

Behandlungsbericht durch die Ärztin Hartmann

Am 31. Januar 2013 hatte ich einen Termin zu einer „Messung der Nervenleitgeschwindigkeit" in der Praxis für Neurologie von Frau Dr. Hartmann. Ein Physiotherapeut und hatte diesen Termin für mich bei ihr erwirkt. Er hatte sich gewundert, dass noch nie Messungen zur Klärung meiner Probleme durch die Neurologin durchgeführt worden waren. Auch ich hatte mich dies schon lange gefragt. Es spricht für das fehlende Interesse dieser Neurologin am Patienten. Eine Mitarbeiterin in der Praxis führte diese Messung durch. Offensichtlich funktionierte dieses Gerät nicht ganz einwandfrei, denn sie hatte damit Probleme und erwähnte eine Kollegin, die mit gleichem Gerät ebenfalls gearbeitet und ebenfalls diese Probleme mit der Funktionsweise gehabt hätte.

Zu mir sagte die Mitarbeiterin: „Ich stelle dann eben den Strom etwas höher ein."

Nach der Messung sprach die Ärztin mit mir und teilte mir mit: „Alles sei gut durchgelaufen!"

Hinsichtlich meiner Probleme mit meinem Arm und der Rückenmuskulatur gab sie mir den Rat, diesen Problemen nicht mehr weiter nachzugehen und die Angelegenheit auf sich beruhen zu lassen.

Ich fragte die Sprechstundenhilfe, ob sie mir die Messergebnisse für meine Unterlagen und zur Vorlage bei anderen Ärzten zur Weiterbehandlung ausdrucken könne. Dies sei ihr nicht möglich, da an dem Laptop kein Drucker angeschlossen sei! Sie wolle die Ärztin aber bitten, das Ergebnis in einem Bericht zu erfassen und ihn mir mit der Post zu schicken. Bis zum heutigen Tag habe ich diesen Bericht nicht erhalten und auch mein damaliger Hausarzt nicht. Dieser hatte das Untersuchungsergebnis und die bildliche Darstellung der Messung bei ihr angefordert. Auch er hat nach eigener telefonischer Auskunft die Untersuchungsergebnisse der Frau Dr. Hartmann nie erhalten. Er sagte etwas von einer Mahnung, welche er der Neurologin senden wollte, um komplette Untersuchungsergebnisse von ihr zu erhalten.

Am 19.03.2013 erkundigte ich mich erneut in der Praxis meines damaligen Hausarztes, ob er zwischenzeitlich die bildliche Darstellung erhalten habe. Dies wurde verneint!

Heute, am 16.07.13, rief ich interessehalber nochmals meinen ehemaligen Hausarzt an, um mich zu erkundigen, ob nun Unterlagen über das Ergebnis der Messung vorlägen. Es lag der Praxis nichts dergleichen vor. Es war zu diesem Zeitpunkt bereits über ein halbes Jahr vergangen.

Einem Rechtsanwalt, den ich daraufhin einschaltete, hat sie auf seine schriftliche Aufforderung hin, Einsicht in meine Behandlungsunterlagen zu geben, länger als ein halbes Jahr verweigert und ebenfalls wiederholten Schreiben dazu stets ignoriert.

Johannes Schmidtke

★ ★ ★

Eigene Initiative

Anfang März 2010 bin ich auf die Website eines Arztes aufmerksam geworden, der über die Behandlungsmethode der Schädelakupunktur bei Schlaganfallpatienten und deren Behandlung berichtet und er die Methode seines Erfolges wegen anpreist.

Ich rief ihn in seiner Praxis in Dortmund an, um mich näher zu informieren. Der Herr Doktor sei im Augenblick nicht da und ich sollte um die Mittagszeit noch einmal anrufen, hieß es. Dieses tat ich dann und der Arzt war noch nicht erreichbar. Die Sprechstundenhilfe ließ sich meine Rufnummer geben und sagte mir einen Rückruf zu. Da sich jedoch niemand von der Praxis bei mir meldete, rief ich noch einmal an und fragte nach. Man entschuldigte sich, es sei wohl vergessen worden. Man wolle sich jetzt aber darum kümmern und der Arzt würde dann gegen Abend anrufen.

Gegen 19:30 Uhr rief er an und ließ sich meinen Krankheitsverlauf schildern. Da ich an einer Behandlung sehr interessiert war, vereinbarte er mit mir zunächst einen Vorstellungstermin in Dortmund, um einen Eindruck von meiner gesundheitlichen Situation zu erhalten. Er sagte, dass die Kosten der Behandlung von der Krankenkasse nicht übernommen würden und deshalb privat abgerechnet werde. Es gäbe wohl eine Möglichkeit, es doch abzurechnen, diese sei aber nicht ganz legal. Diese sollte ich daher nicht an die „große Glocke hängen". Bevor er dies aber umsetze, sollte ich es mir noch einmal überlegen und ihn dann erneut anrufen und ihm Bescheid geben.

Ungefähr eine Woche später rief ich in der Praxis an und erzählte einer Sprechstundenhilfe von der Unterhaltung mit Doktor G. vor wenigen Tagen. Zuerst müsste noch etwas mit einer Station geklärt werden, auf die ich zu liegen käme, so sagte sie mir. Ich würde angerufen und man werde mir Weiteres mitteilen. Es vergingen mehrere Tage, aber niemand meldete sich mehr bei mir. Deshalb rief ich wieder an und fragte nach. Es wurde mir gesagt, es sei vergessen worden, aber nun würde sie sich wirklich darum kümmern. Einige Tage später erhielt ich eine Nachricht auf meinem Anrufbeantworter, in der ein Behandlungstermin ab dem 12. April 2010 genannt wurde. Ich solle mich im Bethanien-Krankenhaus in Dortmund einfinden. Man bat um Rückruf. Dies tat ich und es wurde mir weiter mitgeteilt, dass eine Behandlung nun für mich möglich sei und ich kommen könnte. Einen Taxischein, um nach Dortmund zu fahren dürfe man mir aber nicht ausstellen.

Für den 12. April bestellte ich mir also selbst ein Taxi und fuhr nach Dortmund. Dort suchte der Taxifahrer mit mir die Praxisräume auf. Scheinbar überrascht wegen unseres Erscheinens teilte man uns dann mit, es sei noch nicht geklärt, auf welcher

Station ich zu liegen käme. Ich müsse daher warten. Die Sprechstundenhilfe fragte hier und fragte dort nach und brachte mich dann zur internistischen Patientenaufnahme. Der Einlieferungsgrund war von dem Arzt mit Myokarditis angegeben worden. Da ich noch nie gesundheitliche Probleme mit dem Herzen hatte, fand ich dies merkwürdig und auch die Ärztin in der Patientenaufnahme konnte dies nicht nachvollziehen. Es wurde ein EKG gemacht, welches ohne Befund war. Durch die Aufregung war mein Blutdruck gestiegen. Medikamente, die mir verordnet waren und ich angegeben hatte, wurden mir nicht gegeben. Stattdessen gab man mir Aspirin. Vorher hatte ich gute Blutdruckwerte, die durchschnittlich bei 110/70 lagen. Dann sagte man mir, auf welche Station ich käme: Es war Station 7. Vorher sollte aber noch meine Lunge geröntgt werden. Diese Untersuchung war ebenfalls ohne Befund. Langsam dämmerte mir, dass das, was man mit mir machte, wirklich nicht legal sein konnte. Ich hätte gleich wieder zurückfahren sollen. Aber die Aussicht, Hilfe für die gelähmten Glieder zu erhalten, ließ mich bleiben. Nach der Röntgenuntersuchung stand ich noch einige Zeit mit meinem Rollstuhl auf dem Gang, weil dort nun niemand wusste, zu welcher Station ich gehörte. Schließlich kam jemand, der mich auf Station 7 fuhr. Es wurde mir ein Zimmer gegeben, welches alles in allem einen sauberen Eindruck machte, aber es war so schmal, dass ich mit dem Rollstuhl nicht wenden konnte. Hinter einer Schranktür befand sich ein Waschbecken, das einen nicht sonderlich gepflegten Eindruck machte und auf dem sich eine undefinierbare Schmiere befand, die ich entfernte, um die Waschgelegenheit ohne Ekel benutzen zu können. Die Toilette auf dem Flur war mit einem Schild als behindertengerecht ausgewiesen, aber sie war so schmal, dass auch hier ein Wenden mit dem Rollstuhl nicht möglich war. Das Bett im Zimmer war ein älteres Modell und zu hoch für mich, um hineinzusteigen. Man hatte von einem Arzt gesprochen, der zu mir kommen wollte, der sich aber selbst nach längerer Wartezeit nicht blicken ließ. Ich begab mich daher auf den Flur, um mich nach ihm zu erkundigen. Ich sprach eine der Pflegekräfte an, die mir in unfreundlichem

Ton sagte, man wolle dem Arzt Bescheid sagen und er würde dann in mein Zimmer kommen. Ich solle mich wieder auf mein Zimmer begeben, teilte sie mir in einem befehlenden, harschen Ton mit und wies mit Arm und Zeigefinger in Richtung meines Zimmers. Auch das Benehmen des übrigen Pflegepersonals war nicht gerade als freundlich zu bezeichnen.

Eine ältere Pflegerin, die gegen Abend kam und mich wusch, bemerkte das unbequeme alte Bett und tauschte es gegen ein anderes. Was mir dann auffiel, war: Es wusste niemand, weshalb ich auf der Station war. Unten in der Praxis des Arztes war mir ein Zettel mit den Behandlungsterminen für die erste Woche übergeben worden. Der erste Termin war auf den folgenden Tag gelegt. Nach einer schlecht durchgeschlafenen Nacht half mir am Morgen eine Pflegekraft, mich zu waschen und anzukleiden. Um die Mittagszeit fuhr ich mit dem Rollstuhl zur ersten Behandlung nach unten in die Praxis. Ich versprach mir viel von dieser Akupunkturbehandlung und war im festen Glauben, der Arzt hätte mit der Krankenkasse die Übernahme der Behandlungskosten geklärt. Die Akupunktur war sehr schmerzhaft aber ich nahm es wegen des zu erwartenden Behandlungserfolgs in Kauf. Drei Termine waren in der ersten Woche angesetzt: der Dienstag, der Donnerstag und der Freitag. Nach diesem ersten Termin fuhr ich wieder hinauf auf die Station; ich tat es da schon sehr ungern. Denn ich fühlte mich dort nicht gut aufgehoben und unwohl. Die Unfreundlichkeit des Personals befremdete mich. Am Mittwoch kam ich in ein anderes Zimmer, in dem bereits ein Patient lag. Wir konnten uns gut unterhalten. Er lag im Krankenhaus wegen der Behandlung seines Bluthochdrucks.

Gegen Abend, als ich mich auskleiden und waschen wollte, bat ich eine Pflegekraft um ihre Hilfe. Die Person war unfreundlich und wollte es nur widerwillig machen, da sie sich um anderes kümmern müsse und bald Feierabend habe. Sie war ganz ohne Zweifel überlastet. In großer Hektik blieb sie dann doch und half mir beim Auskleiden und Waschen. Später fragte mich mein Zimmernachbar, was denn eigentlich mit dem Pfleger los war und ich erzählte ihm von dem Zeitdruck, unter dem er offenbar stand. Ganz allgemein war der Tonfall des Pflegepersonals unfreundlich. Ob denn hier keine Betten gemacht würden, fragte ich meinen Zimmerkollegen. Er erzählte mir, dass er bereits mehrere Tage im Zimmer läge und es sei noch nicht einmal jemand gekommen, der ihm wenigstens das Kopfkissen aufgeschüttelt hätte. Seine Frau sei vor einiger Zeit ebenfalls in diesem Krankenhaus gewesen und hätte die Zustände ebenfalls als schlimm empfunden. Sie wollte nie wieder in dieses Krankenhaus gehen.

Am Donnerstag dann wurde mein Zimmergenosse entlassen und ich befand mich allein im Zimmer. Am selben Tag war die zweite Akupunkturbehandlung bei Dr. G. Sie war für mich erneut sehr schmerzhaft und zeigte auch keinen sichtbaren Erfolg. Danach fuhr ich wieder auf die Station hinauf und verbrachte dort den Tag. Es kam noch ein Krankengymnast, der Gehübungen mit mir machte. Es wurden auch noch Untersuchungen durchgeführt wie Ultraschall und Sonografie. Dies habe ich nicht verstanden, da ich ja keinerlei entsprechende Beschwerden hatte. Am Abend bat ich wieder um Hilfe beim Auskleiden und Waschen. Auch dieser Pfleger hatte keine Zeit und es sei für ihn auch bald Feierabend. Eine andere Pflegekraft, der er Bescheid geben wollte, erschien nicht und ich kleidete mich mit Mühe selbst aus und wusch mich notdürftig.

Am Freitagvormittag war ein weiterer Termin bei Dr. G., zu dem ich mich zeitig in die Praxis begab. Vorher aber war noch ein Arzt in meinem Zimmer, der mir Blut abnahm. Nach einer Weile sah ich an mir herunter und bemerkte, dass meine Hose feucht war. Es war Blut. Ich erkannte neben meinem Rollstuhl eine kleine Blutlache auf dem Fußboden. Also rief ich eine Schwester, die mir einen Verband anlegte und mir half, die Hose zu wechseln. Der Arzt hatte den Einstich nicht mit einem Pflaster verklebt, sondern es neben der Einstichstelle positioniert.

Als ich mit meinem Rollstuhl hinunter in die Praxis fuhr, wedelte mir eine Sprechstundenhilfe mit einem Formular zu und sagte zu mir, ich hätte es noch nicht unterschrieben. Ich fragte sie, was ich denn unterschreiben sollte. Daraufhin erklärte sie mir, ich wüsste ja, dass ich als Privatpatient behandelt würde und es wäre eben die Einwilligung, alles selbst zu bezahlen. Erbost darüber, getäuscht worden zu sein, fragte ich sie, weshalb sie mir denn am Telefon erzählt habe, ich könnte kommen, da man mich behandeln dürfe. Ich war davon ausgegangen, der Arzt hätte dies mit meiner Krankenkasse so geregelt. Wenn es tatsächlich so sei, dass ich diese Behandlung selbst bezahlen müsse, würde ich sie sofort abbrechen und zurück nach Hause fahren.

Daraufhin wollte sie dann den Arzt fragen und ich sollte bitte in seinem Sprechzimmer warten.

Als Dr. G. schließlich kam, wollte ich ihn dazu befragen, was dies nun bedeute. Er schrie mich jedoch an: „Sie sind still, jetzt rede ich!" Dies war für mich zu viel und ich teilte ihm mit, dass ich den Aufenthalt abbrechen und nach Hause fahren würde. Er war damit einverstanden. So packte ich meine Sachen und fuhr eine Erfahrung reicher nach M'gladbach zurück. Durch den Ärger hatte sich mein Blutdruck wieder auf Werte um 245 zu 130 erhöht. Vor meiner Fahrt nach Dortmund waren sie gut eingestellt und betrugen wie gesagt 110 zu 70.

Ergotherapeutinnen der Praxis W., denen ich hierüber berichtete, hielten dies für äußerst unseriös. Die Behandlung durch sie musste für diesen Zeitraum unterbrochen werden.

Mittwoch, 28. September 2011
Joh. Schmidtke

Raubritter unserer Tage!

Und immer wieder stelle ich fest – wendet man sich in Rechtsfragen an einen Anwalt, weckt er zunächst das Vertrauen beim Klienten. Es wird ihm suggeriert: „Mir können Sie vertrauen! Ich kümmere mich um ihr Recht!"

Stellt sich dann heraus, der Rechtsfall hat ein größeres Ausmaß und erfordert wirkliches Engagement des Rechtsanwalts, wird eine bestehende Rechtsschutzversicherung zunächst einmal wegen Kostenübernahme seiner Bemühungen angeschrieben. Wurde ihm diese Zusage dann erteilt, hat der Anwalt bereits seine Absicht erreicht, denn das Honorar ist ihm bereits schon im Vorfeld sicher.

Wie das Ergebnis seiner Bemühungen letztendlich aussieht, spielt nun keine Rolle mehr.

Was ich dann in Folgendem ebenfalls bemerkte, wie ein Anwalt nun weiter vorgeht: Mit einem Wechselspiel von Hoffnung beim Klienten wecken, um dann mit juristischen Floskeln eben diese Hoffnung auf Gerechtigkeit dem Klienten wieder zu nehmen und der Anwalt „Recht" und „Gerechtigkeit" zu einer Fata Morgana werden lässt. Dieses Vorgehen des Anwalts kann bzw. wird sich mehrmals wiederholen. Es gehört zu seiner Taktik, Verfahren so in die Länge zu ziehen und sich dabei des Zeitfaktors zu bedienen, um delikate Angelegenheiten so in eine Verjährung zu manövrieren.

Halten Sie es für Blödsinn lieber Leser?? Ich habe diese Vorgehensweise von Anwälten erfahren. Der Klient dann, ohne etwas in seinem Anliegen erreicht zu haben, verlässt am Ende deprimiert die Kanzlei (Raubritterburg) mit seinen bitteren Erfahrungen – deprimiert und enttäuscht, darüber wie Recht und Gesetzt gehandhabt werden.

★ ★ ★

Universitätsklinik für Orthopädie
Und Rehabilitation
Professor Dr. Wetz
Robert-Koch-Straße 30
48149 Münster

M'gladbach, den, 03. Juli 2020

Schreiben an den Gutachter Dr. Wetz aus der orthopädischen Universitätsklinik in Münster

Wie Sie sich erinnern werden, ging es damals vor dem Landgericht in Siegen um Ihr Gutachten über die Anfertigung einer Peroneusschiene die nach Art und Endprodukt als kriminell zu bezeichnen war. Diese wurde dann mir als Patienten ausgehändigt. Wäre vor Übergabe der Schiene ein Arzt anwesend gewesen und hätte er dieses Teil überprüft, so wäre festgestellt worden, die Schiene war nur noch für den Sperrmüll geeignet aber nicht dazu, sie einem Patienten auszuhändigen. Bedenkt man nun, dieser abartige Orthopädietechniker Weißleder aus dem Sanitätshaus Kienzle war Werkstattleiter dieses Sanitätshauses und fertigt gewissenlos solch ein Teil an, dann schreibe ich dieser Person eine Wesensart zu, die wahrlich als kriminell zu bezeichnen ist.

Sie gaben im Ergebnis Ihres Gutachtens an, diese Schiene habe keinerlei Schäden durch das Tragen verursacht.
Es gab keine Untersuchung, die dies bestätigt hat! Es wurde ja sogar vermieden erforderliche Untersuchungen meiner Angelegenheit durchzuführen. Der Chefarzt dieser Klinik, eine Person namens Sackmann, hat sich geweigert, dies zuzulassen.
Ein seriöser Mediziner hätte sich zu solch einer Verhaltensweise nicht hinreißen lassen. In einer Korrespondenz behaupten Sie, dies Gutachten sei von Ihnen gewissenhaft, richtig und in meinem Sinn erstellt worden. In welchem Sinne? Diesbezüglich

haben Sie sich nicht erklärt! Mehrmals machte ich damals in der Hilchenbach-Klinik auf diesen Umstand aufmerksam, dass ein Gehen für mich mit dieser Schiene unmöglich sei.

Dem Pflegepersonal teilte ich mehrmals mit, dass ich starke Schmerzen an der Außenkante meines linken Fußes habe und mir dieser zur Seite hin schmerzhaft umknickt. Uninteressiert hörte man darüber hinweg.

Da der Rechtsanwalt, dessen Aufgabe es war, meine rechtlichen Interessen vor Gericht zu vertreten, kein Interesse zeigte dies zur Sprache zu bringen, um meinen Einwand zu klären, überging er dies. Ich teilte es auch noch dem LG in Siegen in einem Schreiben mit. Wie hätte ich auch eine Wahrnehmung meiner Interessen durch einen Rechtsanwalt erwarten können, der ein kriminelles Wesen und korrumpierbar ist. In einem harschen Antwortschreiben des LG wurde ich darauf hingewiesen, dass es mir nicht zustünde, dies dem Gericht mitzuteilen, sondern es einzig und allein Angelegenheit meines Anwalts sei. Es war Ihnen bekannt Herr Wetz, dass ich diese Probleme mit dem Fuß hatte und noch immer habe. Durch die Schräge der Trittfläche in erwähnter Schiene erfolgte ein zwangsläufiges Umknicken des Fußes und verursachte dadurch für mich schwerwiegende Schäden und einige Stürze.

Die heutige Situation für mich ist nun diese, in einer MRT-Untersuchung Anfang des Jahres 2019 bestätigten sich meine damaligen Angaben. Die Schäden wurden nun festgestellt und müssen operiert werden. In den zurückliegenden Jahren wurden bereits einige Röntgenuntersuchungen und CT-Untersuchungen gemacht und kein Arzt hat dies bemerkt?

Ihr Verhalten lässt erkennen, dass Sie keine vertrauenswürdige Person sind.
Gerade das aber sollten Sie als Arzt sein!

Durch Ihre Verhaltensweise und das Bestreben aller Beteiligten in diesem skandalösen Vergleichsverfahren oder besser als Korruptionsorgie bezeichnet, galt es eine Schuld und eine Haftung der AHG-Klinik in Hilchenbach zu vertuschen. Absichtlich wurde darüber hinweggegangen und nicht darüber gesprochen, um die Zustände in dieser Klinik in Hilchenbach nicht in der Öffentlichkeit bekannt werden zu lassen und die barbarischen Zustände in ihr unentdeckt zu belassen.

Durch Ihr höchst oberflächliches Gutachten erwarte ich von Ihnen eine Entschädigung zu erhalten, die mir zusteht.

06.01.20
Johannes Schmidtke

Ihr Kommentar bei Jameda:

Scheinbar nicht die fachliche Kompetenz zu besitzen um die geeignete Untersuchungsmethode zu bestimmen – oder um das Entstehens meines Problems vertuschen zu wollen – ist erschütternd für einen Arzt.

Zur Sprechstunde bei Dr. Keulen brachte ich ihm die Überweisung eines Orthopäden aus Mönchengladbach mit und eine MRT-CD meines linken Fußes. Dieser Arzt in M'gladbach vermutete ein „Ganglion". Herr Keulen war davon nicht so überzeugt das es ein „Ganglion" sei und fand, zur besseren Diagnose und Bestimmung ob ein „Ganglion" oder „knöcherne Verletzung", wünschte er eine CT-Untersuchung. Dazu gab er mir eine Verordnung.

Weshalb dieser Orthopäde in M'gladbach dies nicht selbst feststellen wollte und mich deswegen zu einem anderen Orthopäden schickte, ist eine andere Sache und bedenkenswert.

Ich ließ mir also diese CT-Untersuchung machen und fuhr erneut zu Dr. Keulen. Dieser interessierte sich nur für den schriftlichen Befund. Laut diesem schriftlichen Befund war es für ihn eine „knöcherne Verletzung". Die CD der CT-Untersuchung interessierte ihn nicht und bat noch nicht einmal, sich diese anzuschauen.

Um Gewissheit zu bekommen setzte ich mich mit dem Orthopäden in M'gladbach in Verbindung. Dieser erklärte mir: Die MRT-Untersuchung sei die Beste Untersuchungsmethode ein Ganglion festzustellen. Eine CT-Untersuchung sei zu unzuverlässig und ungenau.

Nun verunsichert, erkundigte ich mich bei Dr. Keulen und bat um seine Stellungnahme per E-Mail oder auch telefonisch.

Ich habe ihm mehrere Tage Zeit gegeben mir dies zu erklären, doch er tat es nicht, bis zum heutigen Tag.

Aus diesem Grund gebe ihm, Dr. Keulen, für dieses Verhalten eine sehr schlechte Bewertung bei Jameda.

★ ★ ★

Mönchengladbach, 19.08.16

Sehr geehrter Herr Wetz,

erneut wende ich mich an Sie und halte Ihnen das von Ihnen falsch erstellte Gutachten mit seiner Kernaussage vor.

Selbstverständlich sind mir durch das Tragen dieses eindeutig bewusst <u>fehlerhaft</u> gefertigten Gegenstands bleibende Schäden entstanden.

Eine andere Erklärung als „bewusst" und „mutwillig" ist dafür nicht zulässig!

Der Orthopädietechniker Weißleder aus dem Sanitätshaus Kienzle hat den Abdruck genommen und war von da an für den Fertigungsprozess verantwortlich, bis zu seiner Aushändigung! Er ist auch verantwortlich für die Folgeschäden der Verkrüppelung meines linken Fußes. Dies ist seine alleinige Schuld und dafür trägt er die volle Verantwortung. Wie dies vor Gericht in Siegen geahndet worden ist, ist ein Skandal.

Meine mehrmals vorgetragene Feststellung vom seitlichen Umknicken meines linken Fußes in der Schiene – ob es nun vor dem Landgericht in Siegen oder dem Rechtsanwalt Marc Venten gegenüber war sowie später seiner Nachfolgerin RA Lingnau, welche die Angelegenheit weiterbearbeitete – hat keine Beachtung gefunden und ist übergangen worden. Meinen Hinweisen keinerlei Beachtung zu schenken, weist auf die deutliche Absicht hin, eine Haftungspflicht der AHG-Klinik in Hilchenbach respektive der des Chefarztes Sackmann nicht erkennbar werden zu lassen. Dies betrifft auch alle anderen Vorkommnisse – sprich Misshandlungen –, die mir dort angetan worden sind.

Ihr Kollege Sackmann geht sogar so weit und erklärt dem Ministerium für „Gesundheit und Familie" in Düsseldorf, ich hätte seine Klinik mit gutem Behandlungserfolg und in hervorragendem Zustand verlassen. Es handelt sich hierbei nicht um ein Kavaliersdelikt.

Wenn Herr Sackmann keine unseriöse Person ist, wer ist es dann?
 Sind Sie es vielleicht, Herr Wetz?
 Ja! Sie sind es, denn Sie eifern ihm nach!

Dieses über Monate hinweg geforderte Tragen der Schiene in der AHG-Klinik in Hilchenbach hat nicht nur den Impuls hervorgerufen, den Fuß linksseitig umknicken zu lassen, sondern verursachte auch im äußeren Bereich Schäden am Knochen, die bei den wenigen Schritten, die mir unter hoher Konzentration noch möglich sind, gefährliche Situationen für mich entstehen lassen. Dies verursachte vor wenigen Wochen, am 11.06.16 und bedingt durch diesen Umstand, einen erneuten schweren Sturz in der Wohnung. Der Fall auf die linke Seite und auf die Hüfte war sehr heftig. Der Fall auf die Rückenmuskulatur bewirkte zudem weitere Schäden und kommt zu den schon vorhandenen hinzu.

Wenn Derartiges in die vorhandenen Lähmungen eines Schlaganfalls hinein geschieht, verursacht dies unweigerlich verschlimmernde Folgen zu den bereits vorhandenen Schädigungen hinzu. Dem Umschlagen des Fußes durch seitlich erhöhte Schuheinlagen zu begegnen, ist unsinnig gewesen und zeigt die Gedankenlosigkeit des Arztes, der sie mir verschrieben hat. Die Schädigung liegt im Fuß selbst und lässt sich durch derartige Hilfsmittel nicht beheben.

Diese Schiene verursachte drei Stürze. Nach meinem zweiten Sturz am 19.01.15 schrieb ich Ihnen bereits einen geharnischten Brief, auf den Sie nicht reagierten. Stattdessen erhielt ich am 19.03.15, ganz ohne Zweifel als Reaktion auf meinen Brief, einen **anonymen** Anruf, in dem eine Frau eine Entschädigung anbot und sich nach dem Erhalt eines Schreibens erkundigte. Da dieser Anruf **anonym** erfolgte, war mir ein Rückruf nicht möglich. Dieses Ereignis weist deutlich auf die Regung Ihres schlechten Gewissens hin wegen der Erstellung des fehlerhaften Gutachtens und ist eine weitere Verdeutlichung der extrem zwielichtigen Zustände in der AHG-Klinik in Hilchenbach. Der Anruf kann nur von einer Ihrer Mitarbeiterinnen gekommen sein.

Zu Ihrem per Post am 10.09.2016 erhaltenen Schreiben – ohne Datierung des Schreibens selbst – teile ich Ihnen hiermit meine Meinung mit:

Zum Inhalt meines Schreibens mit keinem Wort, noch nicht einmal andeutungsweise eine Stellungnahme abzugeben und mir stattdessen zu berichten, Sie seien wegen eines Behandlungsfehlers in einer Klinik gewesen und hätten aus diesem Grund meine Schreiben nicht beantworten können, verwundert mich. Sie muten mir damit zu viel zu, Ihnen dies zu glauben. Dass Sie sich erdreisten zu schreiben, das Gutachten in meinem Sinne erstellt zu haben, weist auf die Zweifelhaftigkeit Ihrer Person hin. Nun, senil werden Sie wohl nicht sein, sondern Sie handeln eher nach dem persönlichen charakterlichen Zustand und dem Herdentrieb Ihres Berufsstands.

Selbstverständlich ging es nur um dieses Plastikteil, nur darum und um die gesundheitlichen Folgen für mich – ob Unterschenkelorthese, Peroneusschiene oder mit welchen anderen Namen sich dieses Marter-Instrument bezeichnen lässt. Was die anderen Dinge betrifft, die Misshandlungen, die mir in dieser Klinik zugefügt worden sind und die mich heute zeichnen, das alles ist ja sorgfältig ausgeklammert und mit keinem Wort – bewusst – zur Sprache gebracht worden, sei es von dem mich vertretenden

Rechtsanwalt Marc Venten oder von anderen Anwälten. Diese Themen sind peinlichst nicht berührt worden. Die Wahrheit über die Hilchenbach-Klinik wäre ja ins Blickfeld geraten. Dies belegt auch die Weigerung des Herrn Sackmann, eine Prüfung der Vorfälle in seiner Klinik zu erlauben. Weshalb?

Eine Patientenakte von mir wurde ja noch nicht einmal ordnungsgemäß in der Klinik angelegt, alleine dies ist schon Grund, die Ereignisse anders zu beleuchten. Aber gerade das galt es ja zu vermeiden, um den Zustand dieser Klinik nicht in den Fokus geraten zu lassen. Wenn aber derartige Zustände in der Klinik geherrscht haben, muss dies der Klinikleitung bekannt gewesen sein. Bei einem vorhandenen Verantwortungsbewusstsein des ärztlichen Personals galt es, dies dringendst abzuändern. Dies ist nicht geschehen und es ist dem Pflegepersonal auch klar ersichtlich nicht nahegelegt worden, ein anderes Verhalten den Patienten gegenüber an den Tag zu legen. Eine derartige charakterliche Geisteshaltung einzunehmen – damit waren viele des Personals intellektuell auch überfordert.

Obwohl ich absolut nicht zum Scherzen aufgelegt gewesen bin, bin ich bei einzelnen Pflegekräften auf humorvolle Gespräche eingegangen. Zu einem Pfleger auf der Station sagte ich einmal: „Ich bewundere dich um den Humor, den du hast." Er antwortete mir mit den Worten: „Wenn ich diesen Humor nicht hätte, dann wäre ich hier verloren!"

Es ist mir absolut einsichtig, dass die Leitung einer Klinik sehr schwierig ist. Wenn aber noch nicht einmal Wert daraufgelegt wird, die Grundregeln der Ethik zu respektieren und einzuhalten, wenn das Pflegepersonal ganz offensichtlich keine seelische Hygiene im Gespräch erhält, um Eindrücke der schweren Arbeit zu verarbeiten, um dem entgegenzuwirken, dass diese Frustrationen an Patienten auslassen, dann stimmt etwas ganz gewaltig nicht.

Worüber andere Patienten berichtet haben und was mir in der AHG-Klinik in Hilchenbach selbst widerfahren ist, zeigt die Morbidität der AHG-Klinik Hilchenbach – auch wenn sie zwischenzeitlich umbenannt worden ist.

Indem Sie schreiben, Herr Wetz, dieses Teil sei von Ihnen klar, sachlich und unparteiisch beurteilt worden, haben Sie den mir entstandenen tatsächlichen gesundheitlichen Schaden durch das Tragen der Schiene dem Gericht verschwiegen und waren der Hilchenbach-Klinik und dem Gericht gegenüber parteiisch zugewandt. Dies belegen Ihre bekräftigenden Worte, die Schiene habe keine weitere schädigende Wirkung verursacht.

Lassen Sie mich wiederholen: Es geht hier nur um die Folgen der Nutzung dieser Schiene. Sie konnten nicht einfach hingehen und nur alleine die Art der Herstellung gutachterlich bewerten und die gesundheitlichen Auswirkungen durch das Tragen ausklammern. Das geht so nicht!

Der Richter Bauer fragte mich nach der ersten Zusammenkunft im LG Siegen: „Wie hat diese Schiene denn ursprünglich ausgesehen?"

Ich antwortete ihm darauf: „Dies kann nur der berichten, der die erste Reparatur an der Schiene vorgenommen hat."

Betretenes Schweigen seitens des Richters Bauer!

Wenn Sie schreiben, Herr Wetz, „Ich weiß Ihr Schicksal sehr wohl zu würdigen", ist das für mich ein Ausdruck schlimmster Heuchler.

Ich erwarte von Ihnen, meinen Brief noch einmal aufmerksam zu lesen und dazu Stellung zu beziehen.

Tun Sie es nicht, wehre ich mich dagegen.

Johannes Schmidtke

★★★

Sehr geehrte Frau Ellwitz,
sehr geehrte Frau RA Mix,

Die Schwere meiner Angelegenheit habe ich Ihnen geschildert und liegt Ihnen in mehreren Schreiben vor. Diese Angelegenheit überhaupt mit einem Vergleich zu regeln, ist ein Vorgang, der nicht zu akzeptieren war und in dem die Absicht erkennbar ist, die unsäglichen Verfehlungen der AHG-Klinik nicht in den Fokus geraten zu lassen. Zahlreiche Patientenberichte über Jahre hinweg legen darüber Zeugnis ab.

„Medizinrecht" war zudem nicht das Fachgebiet von RA Venten, sondern „Zivilrecht" und von daher hätte er meine Vertretung nicht übernehmen dürfen. Also liegen hier eindeutig ein Fehler seines Verhaltens und das der Kanzlei Hasler & Kinold vor.

Ich bezeichne dies als Betrug.

Dass man mich damals für nicht länger als 15 Minuten Aufenthaltsdauer im LG Siegen die weite Anreise mit meinem Rollstuhl hat machen lassen für eine Angelegenheit, zu der die alleinige Anwesenheit dieses RA Venten ausreichend war, nur um mir die verhöhnenden Worte eines Richters Bauer anzuhören:

„Wir sind heute hier zusammengekommen, um Recht zu sprechen, denn schließlich soll jedem Recht widerfahren", das ist ungeheuerlich.

Als ich, während der Richter dies sagte, in die grinsenden Visagen der gegnerischen Anwälte sah, wurde mir klar, dass der weitere Verlauf der Verhandlung nicht nach den Buchstaben des Gesetzes und eines Rechtsstaats geführt werden würde.

Als Mitglied im Krankenhausausschuss von Mönchengladbach lag es in der Absicht von RA Venten, die Vorfälle in dieser Klinik nicht ins öffentliche Bewusstsein rücken zu lassen, da eine Verquickung beider Kliniken besteht und bestand.

Frau Mix, Sie verbitten sich, weitere unnötige Schreiben von mir zu erhalten, die der Klärung der Sache nicht dienten und die nicht benötigt würden, da sie Ihnen Mehrarbeit verursachen. Ich widerspreche Ihnen darin. Gerade diese Schreiben sind es, die als Basis für eine erneute Wiederaufnahme meiner Angelegenheit unerlässlich sind. Juristisch sind sie wohl nicht verwertbar, aber es muss noch eine andere Gerechtigkeit geben.

In meinem Schreiben an das Justizministerium habe ich die Vorgänge und das Verhalten einzelner Personen geschildert. Zentrale Punkte dieses Schreibens sind das Verhalten des RAs Venten, der RAin Lingnau, der RAin Lennartz und des Physiotherapeuten Dewies, die Bemerkungen von Ergotherapeutinnen in der Praxis CWTherapie in Mönchengladbach-Rheydt und nicht zu vergessen das der Rechtsanwaltskammer in Düsseldorf, die sich vor RA Venten gestellt hat, sowie das des Ministeriums für Gesundheit in Düsseldorf.

Die Schreiben des Gutachters Wetz aus der UKM Münster an mich, in denen er sich rechtfertigt, sein Gutachten in meinem Sinne erstellt zu haben, sachlich und richtig – dies ist ja nun erkennbar eine infame Lüge!

Durch das über einen langen Zeitraum ständige Umknicken meines Fußes und das sich entwickelte angenommenen Ganglion ist eine Schädigung entstanden, die ein schmerzvolles Umknicken des Fußes über die Außenkante hinweg bewirkt. Diese wurden nun nach nahezu zehn Jahren durch eine MRT-Untersuchung im Januar festgestellt und sollen operiert werden.

In einem harschen Antwortschreiben des LG Siegen wurde mir mitgeteilt, es sei mir nicht erlaubt, so etwas dem Gericht mitzuteilen, dies sei nur meinem Anwalt erlaubt.

Darauf ging aber Hasler & Kinold bzw. die Rechtsanwältin Lingnau/Venten damals nicht ein.

Auch, dass für das Gutachten zu meinem Fuß eine pedantische Anamnese meiner gesamten Familie von Gutachter Dr. Wetz gefordert wurde, war unsinnig, weil absolut unnötig im Zusammenhang mit dem Gutachten. Zu bewerten ist dies als Schäbigkeit seines Charakters. In seinem letzten Schreiben gab er mir den Rat, in der Angelegenheit seines Gutachtens keinen Anwalt mehr aufzusuchen. Diesen Rat habe ich der Formulierung nach als Drohung aufgefasst, die es wohl auch war. Der Zustand meines Fußes und Arms war Venten früh von mir mitgeteilt worden und bekannt. Er überging und überhörte es aber. Dass Venten mich mehrmals zu Hause aufgesucht und mich nach Sachverhalten befragt hatte, die ihm bereits lange bekannt gewesen waren, ließen mich an seiner Rechtschaffenheit zweifeln, nicht zuletzt auch der Zeitraum über Jahre, bis meine Angelegenheit zur Verhandlung kam und damit ganz ohne Zweifel schon damals die Absicht bestand, die Angelegenheit in eine Verjährung zu manövrieren.

Korruption und kriminelles ärztliches Verhalten sind vordergründig. Es ist nicht angebracht, diese Vorgänge mit beschwichtigenden Worten zu garnieren und Bezeichnungen wie kriminell, Korruption und barbarisch zu unterlassen.

Dass bei meinem Weggang aus der Klinik am 27.04.09 Chefarzt Dr. Sackmann meinen Zustand als „einen hervorragenden " bezeichnete, ist absolut nicht zu akzeptieren. Es ist purer Sarkasmus.

Anfang Januar 2019 erfolgte eine MRT bzw. CT-Untersuchung mit dem Befund, dass die Schäden durch das Tragen der Orthese verursacht wurden – und sich damit das, worauf ich immer wieder hingewiesen habe, als richtig erwiesen hat.

Johannes Schmidtke
21.01.2019

Gibt es kriminelle Rechtsanwälte?

Als Sahnehäubchen in dieser Korruptionsinszenierung bezeichne ich das Verhalten der Kanzlei Hasler &Kinold und der Anwältin Lingnau mir am Tag dieses als Vergleich bezeichneten Korruptionsspektakels vor dem Landgericht in Siegen eine E-Mail zu senden mit der Mitteilung, die RA Lingnau habe tagelang vergeblich versucht mich telefonisch zu erreichen. Entrüstet rief ich in der Kanzlei Hasler & Kinold an und schilderte den Sachverhalt. Das Gespräch führte ich mit einer Anwältin Rahmen die sich unwissend gab und schilderte ihr von der Behauptung der RA Lingnau ich sei telefonisch nicht erreichbar. Ich bat diese RA Rahmen um einen Gegenanruf um die Behauptung dieser RA Lingnau zu widerlegen – selbstverständlich kam eine Verbindung zustande. Sie war perplex und mit gespielter Entrüstung über die zweifelhafte Handlungsweise dieser RA Lingnau sprach sie einige nichtssagenden Worte mit mir und die Hörer wurden aufgelegt.

Nun fragt man sich, wenn diese Kontaktversuche solche Wichtigkeit besaßen, weshalb teilte diese Person mir dies nicht schriftlich mit. Der Sinn dieses Vorgangs aber war, mich von diesem abstrusen Gerichtspektakel, in dem ohnehin „gelogen wurde das sich die Balken bogen" fernzuhalten damit ich keine Einwände vortragen konnte um den Ablauf des Geschehen nicht zu stören.

★★★

Glück ist ein Geschenk, das von alleine kommt, wenn du nicht
an das Glück denkst, wenn du dich einer Aufgabe
ganz widmest.
(Elisabeth Lukas)

Die schlimmste Art von Ungerechtigkeit,
ist vorgespielte Gerechtigkeit.
(Platon)

Ich selbst bin verantwortlich für das, was ich dir erlaube
mit mir zu machen.
(Kruppe/Grüschow)

Wer mit allem Tun und Sinnen immer in die Zukunft starrt,
wird die Zukunft nie gewinnen
und verliert die Gegenwart.
(Julius Wolf)

Leitgedanke!

Was hinter dem Horizont liegt, bleibt dir verborgen,
Ebenso wie das Morgen.
Doch ganz gleich, was er dir bringen mag,
Dieser neue Tag,
Nimm ihn dankbar an und forme ihn dir,
Zu deinem Glück und deiner Freude.

Johannes Schmidtke

Mönchengladbach, 03.12.15

Justizministerium
des Landes NRW
Martin-Luther-Platz 40

40212 Düsseldorf

Sehr geehrte Damen und Herren,
nachdem ich mich bereits an die Rechtsanwaltskammer gewandt habe, wende ich mich in dieser Angelegenheit auch an Sie und bitte um Hilfe. Es geht um die Person des Rechtsanwalts Marc Venten aus der Kanzlei Hasler & Kinold in Mönchengladbach und die Schlampigkeit der Bearbeitung dieser Angelegenheit, in der ich mich an ihn gewandt habe. Es handelte sich dabei um kein Kavaliersdelikt. Ernsthaftes Bemühen zur Klärung dieser Vorfälle ist von ihm nicht gezeigt worden, obwohl ihm alle Fakten vorliegen. Bemühen, das er gezeigt hat, dient nur der Ablenkung um Zusammenhänge nicht erkennbar werden zu lassen. Dies ist in regelrechter juristischer Argumentationsakrobatik erfolgt.

Herr Venten bestreitet Gesagtes und bleibt bei seiner Version. Der Rechtsanwaltskammer gegenüber hat er Stellung bezogen und behauptet beharrlich, derartiges nie zu mir gesagt zu haben. Das Benehmen dieses Herrn halte ich in hohem Maße für unseriös.

Im Februar 2009 erlitt ich einen Schlaganfall und kam zur Rehabilitation in die AHG-Klinik nach Hilchenbach. Einige schlimme Dinge sind mir dort widerfahren: Ich erfuhr Misshandlungen durch eine Pflegerin, die an meinem gelähmten Arm zerrte und damit Schädigungen der **gesamten** linken Körperhälfte verursachte. Fehlerhafte Hilfsmittel wurden mir gegeben, die meine schon schlimme Gesundheitslage durch den Schlaganfall unnötigerweise noch verschlimmerte. Erst aus der Reha heimgekehrt, zeigte sich das ganze Ausmaß der mir zugefügten Schädigungen. Diese Schäden haben sich bis zum heutigen Tag

(31.07.18) nicht gebessert, sondern verschlechtert und müssen leider als bleibende Schäden bezeichnet werden.

Einer Ergotherapeutin, die zur Behandlung zu mir ins Haus kam und Probleme bei der Behandlung meines Arms hatte, erzählte ich von den Vorfällen in dieser Reha-Klinik. Da sich auch nach einer erheblichen Anzahl an Behandlungsterminen durch sie nichts gebessert hatte, sagte sie mir, diese Probleme beruhten auf der Misshandlung durch die Pflegerin in der Klinik.

Da mir auch eine fehlerhafte und unbrauchbare Schiene übergeben worden war, die eine dauerhafte Schädigung meines linken Fußes verursachte und mein Fuß dadurch heute verkrüppelt ist, sah ich mich nach einem Rechtsanwalt um. Ich setzte mich mit der Kanzlei Hasler & Kinold in Mönchengladbach in Verbindung und schilderte ihr den Sachverhalt. Es kam Rechtsanwalt Venten zu mir in die Wohnung und nahm Details auf.

Für die mir genommene Lebensqualität durch das Klinikpersonal wollte ich wenigstens eine Entschädigung erhalten und setzte in Rechtsanwalt Venten mein Vertrauen, das er diese für mich durchsetzen möge.

Er sagte, zunächst wolle er die Angelegenheit mit der fehlerhaften Schiene klären. <u>Die Angelegenheit mit meinem Arm wolle er danach bearbeiten, da es dafür keine Verjährung gäbe.</u> Einer Rechtsanwältin im Medizinrecht, der ich später von der Ansicht des RAs Venten berichtete, sagte mir, das sei völliger Blödsinn gewesen, denn man habe beide Sachverhalte miteinander verquicken und gemeinsam verhandeln können.

RA Venten trug mir auf, der Ergotherapeutin Linnertz mitzuteilen, sie würde von ihm – RA Venten – einen Brief erhalten, indem er sie um Beschreibung der vorhandenen Probleme meines linken Arms bitte. So, wie er es mir gesagt hatte, teilte ich es der Ergotherapeutin mit und sie erwartete sein Schreiben. Bei jedem Behandlungstermin erkundigte ich mich bei ihr danach, ob sie das Schreiben des Rechtsanwalts erhalten habe. Dies wurde von der Ergotherapeutin stets verneint und sie bemerkte dazu: „Dieser Rechtsanwalt solle sich damit etwas beeilen." Über Monate zog sich dies hin, stets erhielt ich von ihr dieselbe Antwort. Ich rief Rechtsanwalt Venten in der Kanzlei an und fragte ihn danach, ob er den Brief an die Ergotherapeutin geschrieben habe und erhielt als Antwort: „Nein, das habe ich nicht getan."

Das Verhalten dieser Person kam mir nun äußerst suspekt vor.

Wie mir später bekannt wurde, war dieser Rechtsanwalt im Krankenhausausschuss der Stadt Mönchengladbach.

Einmal begegnete ich der Ergotherapeutin unterwegs zu einem Behandlungstermin in der Nachbarschaft und fragte sie erneut nach diesem Schreiben, ob sie es denn nun erhalten habe, und sichtlich genervt sagte sie mir: „Nein, dieses Schreiben habe ich noch immer nicht erhalten."

Dabei ist es geblieben. Bei einer Gerichtsverhandlung im Landgericht in Siegen wegen der fehlerhaften Schiene fragte ich ihn ein letztes Mal vor dem Sitzungssaal wegen des Schreibens und frech grinsend antwortete er mir: „Nein, das habe ich nicht getan!"

RA Venten verließ dann die Kanzlei Hasler & Kinold und wechselte in eine andere.

Meine Angelegenheit, die er bearbeitet hatte, übernahm nun eine Anwältin Lingnau. Diese erkundigte sich in der Praxis der Ergotherapeutin nach der Angelegenheit mit meinem Arm und es stellte sich heraus, dass die Therapeutin nicht mehr in der Praxis und meine Patientenakte, die sie angelegt hatte und die den Behandlungsverlauf hätte dokumentieren konnte, nicht mehr vorhanden war.

(Aufbewahrungspflicht!)

Bereits mehrere Orthopäden hatte ich in Mönchengladbach aufgesucht, die aber Verletzungen nicht in Betracht zogen und meinen Zustand auf den Schlaganfall zurückführten. Verordnungen von CT oder MRT, um die ich zur eindeutigen Klärung gebeten hatte, erhielt ich von niemandem. Klar ersichtlich, sollte eine objektive Diagnose und Erstellung eines wahrheitsgemäßen Befunds verhindert werden.

In einem Orthopäden in Krefeld fand ich schließlich jemanden, der ein offenes Ohr für meine Situation hatte und sie ernst nahm. Er gab mir nun die Verordnungen für CT- und

MRT-Untersuchungen, um die ich bei Ärzten in Mönchengladbach vergebens gebeten hatte, um verlässliche Untersuchungsergebnisse zu erhalten.

Die Befunde der Untersuchungen bewiesen nun die Richtigkeit der Aussagen von Krankengymnasten und anderen, die bisher Verletzungen nur stark vermutet hatten. Von jedem Untersuchungsbefund erhielt die Anwältin Lennartz eine Kopie.

Im Dezember 2014 nahm ich mit einer anderen Kanzlei über das Internet Kontakt auf und schilderte ihr das Verhalten des Rechtsanwalts Venten. Die Anwältin erkannte wohl die Brisanz der Situation, lehnte es aber ab, meine Angelegenheit zu bearbeiten. Zu der angeblich nicht bestehenden Verjährung erklärte sie mir dann, dass die Frist erst beginne, wenn erwiesen sei, das durch die Misshandlung tatsächlich Verletzungen entstanden sind, die von Krankengymnasten oder Ergotherapeuten bisher nur vermutet wurden.

Nachdem ich mich von der Enttäuschung über die Anwältin aus dem Internet erholt hatte, nahm ich bei mir in Mönchengladbach nochmals zu einer Fachanwältin für Medizinrecht, einer RAin Lennartz, Kontakt auf. Zu dieser fasste ich Vertrauen, denn sie erkannte meine Lage als sehr ernst, Rechtsanwalt Venten habe diese wohl nicht erkannt. Damit begründete sie sein Verhalten. Was sie vermutete, entsprach aber nicht den Tatsachen, denn Herr Venten kam ja wiederholt zu mir in die Wohnung und hatte meinen Zustand gesehen. Es fiel mir bei seinen wiederholten Besuchen auf, dass er mich nach Sachverhalten befragte, die ihm aus früheren Schilderungen schon bekannt waren, die ich auch schriftlich verfasst hatte und ihm somit nun doppelt vorlagen. Diese Schilderungen waren ihm also seit Längeren bereits bekannt.

Bei meinem ersten Besuch in der Kanzlei von RAin Lennartz bat sie mich um eine Auflistung von dem, was mir in der Klinik in Hilchenbach widerfahren war. Dies tat ich und reichte sie ihr ein.

Zwischenzeitlich hatte ich am 19.03.15 einen Anruf erhalten, den ich nicht entgegennehmen konnte, da ich mich in einer ergotherapeutischen Behandlung befand. Ein anderes Familienmitglied nahm daher den Anruf entgegen. Nach meiner Rückkehr berichtete man mir, eine Dame habe angerufen und gefragt, „ob ich den Brief erhalten habe, was ich dazu sage und wie ich über eine Entschädigung denke". Der Anruf erfolgte mit unterdrückter Rufnummer. Es war mir daher nicht möglich, einen Rückruf zu tätigen und um eine Erklärung zu bitten. Ein Gutachter hatte damals vor Gericht in Siegen ein falsches Gutachten abgegeben bezüglich der erhaltenen Peroneusschiene und behauptet, durch das Benutzen dieses Hilfsmittel über einen längeren Zeitraum hinweg seien keine Folgeschäden verursacht worden. Negative Nebenwirkungen stritt der Gutachter vor dem Landgericht in Siegen ab. Auch dieses war Rechtsanwalt Venten bekannt gewesen.

Der vom LG Siegen angeforderte Gipsabdruck beim Sanitätshaus Kienzle in Bad Berleburg war als Beweismittel auch nicht mehr vorhanden. Auch dieses war Rechtsanwalt Venten bekannt gewesen.

In einem Brief an das Gericht in Siegen machte ich auf diesen Sachverhalt aufmerksam und erhielt dafür eine scharfe Rüge wegen meines Schreibens an das LG in Siegen, da es mir nicht zustünde, dies zu tun.

Nach einiger Zeit rief mich das Büro der RAin Lennartz erneut an und bat mich, die Kanzlei Hasler & Kinold zu bitten, mir die Handakte über meine Angelegenheit auszuhändigen. Sollte ich diese nicht erhalten, bat man um Nachricht. In diesem Fall wollte die Kanzlei dann die Handakte selbst anfordern. Ich rief also Hasler & Kinold an und bat um die Herausgabe der Handakte. Man weigerte sich, mir diese herauszugeben.

Ich informierte telefonisch das Büro der RAin Lennartz. Ich teilte es einer Mitarbeiterin der Kanzlei mit, die mir die Auskunft gab, nun wolle bei der Kanzlei die Handakte selbst anfordern.

Frau Lennartz sprach davon, Rechtsanwalt Venten über seine Haftpflichtversicherung für sein Fehlverhalten haftbar machen zu wollen. Sollte man die „Handakte" von der Kanzlei Hasler & Kinold zu einer Prüfung nicht erhalten, sprach RAin Lennartz weiter davon, dies durch eine Klage gegen die Kanzlei zu erwirken. Einige Tage später rief mich die Kanzlei an und verlangte den Schriftverkehr mit der Kanzlei Hasler & Kinold. Auch diese brachte ich Rechtsanwältin Lennartz.

Ich hörte dann längere Zeit nichts mehr von dieser Kanzlei, bis ich dann eines Tages einen Anruf erhielt und mir ein Termin zu einem Besuch in der Kanzlei Lennartz genannt wurde. Kurz bevor ich mich an diesem Tag mit meinem Rollstuhl auf den Weg dorthin machte, rief die Kanzlei Lennartz an, um mir mitzuteilen, der Termin müsse um einen Monat verschoben werden, da der Aufzug im Haus defekt sei. Ich nahm es verärgert zur Kenntnis, doch wartete ich diesen neuen Termin notgedrungen ab.

An Tag des neuen Termins fuhr ich in die Kanzlei Lennartz und sprach mit Frau Lennartz. Sie eröffnete das Gespräch damit, dass ich keine Entschädigung erhalten würde. Nach Durchsicht des Schriftverkehrs mit der Kanzlei Hasler & Kinold habe sie nicht ein einziges Wort gefunden, mit dem die Misshandlung durch das Zerren an meinem Arm durch die Pflegerin erwähnt werde.

Daraufhin sprach ich die Anwältin wegen der Handakte an, die sie selbst anfordern wollte und ob sie diese erhalten habe. Sie gab mir zu verstehen, auch ihrer Kanzlei habe man die Einsicht in die Handakte nicht erlaubt.

Sie sagte weiter, es fehle ihr ein Schreiben, aus dem hervorginge, dass Herr Venten bereits zu Beginn von all dem gewusst und diese Dinge unterschlagen habe, in die Klage einzubringen. Ich versprach ihr, meine Unterlagen noch einmal durchzusehen, ob ich solche Schreiben fände.

Bei Verlassen ihres Büros sagte sie mir, Rechtsanwalt Venten sei nun in die Politik gegangen. Am Sonntag der Kommunalwahl las ich von der Nominierung des RAs Venten als Bürgermeister der Stadt Korschenbroich im Fernsehen.

Dass ein Rechtsanwalt nur höchst ungern Klage gegen einen Kollegen erhebt, ist verständlich. Wenn dieser Kollege nun auch noch solch einen Karrieresprung gemacht hat, wird dies undenkbar und erklärt das unwillige Verhalten der Rechtsanwältin

Lennartz, weitere Schritte zu unternehmen, von denen sie aber anfänglich gesprochen hatte.

Tatsächlich fand ich dann diese benötigten Schreiben, aus denen hervorging, dass Rechtsanwalt Venten bereits früh von der Schädigung meines Arms gewusst hatte.

Frau Lennartz erwähnte nicht einmal ein weiteres Vorgehen anhand dieser neuen Erkenntnisse und zerstörte meine Hoffnung auf wenigstens eine Entschädigung, für das, was mir angetan worden war und mich einer großen Lebensqualität beraubt hatte. Damit endete die Tätigkeit der Rechtsanwältin Lennartz in dieser Angelegenheit.

Wie mir nun meine Krankenkasse vor wenigen Tagen mitgeteilt hat, hat der Medizinische Dienst meine Unterlagen geprüft und dabei festgestellt, dass ein Unfall bzw. das Einwirken Dritter meine Behandlungsbedürftigkeit verursacht hat. Die Kosten für die vielen Behandlungen möchte meine Krankenkasse von den Verursachern zurückfordern.

Johannes Schmidtke

Literaturhinweise

- **Krankenhaus** Professor Dr. Julius Hackethal – ISBN 3–404–60373–7
- **Torheiten und Trugschlüsse in der Medizin** Petr Skrabanek und James McCormick – ISBN 3–87409–094–9
- **Tatort Krankenhaus** Udo Ludwig – ISBN 978–3–421–42104386–3
- **Halbgötter in Weiß** Mara Helies – ISBN 978–3–940063–60-1

★★★

Der Autor

Johannes Schmidtke erblickte 1948 in Kempen am Niederrhein das Licht der Welt. Nach seiner Schulzeit absolvierte er erfolgreich eine Lehre als „Polsterer und Dekorateur", heute würde man „Raumausstatter" sagen.

Das Drapieren der Stoffe lag ihm und es bereitete ihm Freude, wenn der Kunde seine Mühen mit einem Lächeln im Gesicht belohnte, da sie ihm zusagte. Doch in ihm schlummerte eine schönere Begabung. Seit früher Kindheit waren Büchereien, darunter auch Pfarrbüchereien beiderlei Konfession seine bevorzugten Aufenthaltsorte. Oft wandelte der Autor dabei durch die Regalreihen und studierte begeistert die Buchrücken. So manches Buch, nahm er in die Hände und stöberte darin.

Lesen ist für ihn bis heute – im 72. Lebensjahr – seine große Herzensangelegenheit. 2009 erfolgte ein Schicksalsschlag: in der örtlichen Schulbibliothek, wo er ehrenamtlich tätig war, in der Ausleihe wie auch beim Restaurieren von Schulbüchern, erlitt Herr Schmidtke einen Schlaganfall. Bei einer der weiteren Reha Maßnahmen gelang ihm der Durchbruch zum schriftstellerischen Gestalten. Heute lebt er mit seiner Familie unweit seiner Heimatstadt.

novum VERLAG FÜR NEUAUTOREN

Der Verlag

„Wer aufhört besser zu werden, hat aufgehört gut zu sein!

Basierend auf diesem Motto ist es dem novum Verlag ein Anliegen neue Manuskripte aufzuspüren, zu veröffentlichen und deren Autoren langfristig zu fördern. Mittlerweile gilt der 1997 gegründete und mehrfach prämierte Verlag als Spezialist für Neuautoren in Deutschland, Österreich und der Schweiz.

Für jedes neue Manuskript wird innerhalb weniger Wochen eine kostenfreie, unverbindliche Lektorats-Prüfung erstellt.

Weitere Informationen zum Verlag und seinen Büchern finden Sie im Internet unter:

w w w . n o v u m v e r l a g . c o m